青州旗城

【历史图片集】

涛杰

中央民族大学出版社
China Minzu University Press

图书在版编目（CIP）数据

青州旗城历史图片集 / 李凤琪主编 . — 北京：中央民族大学出版社，2019.12

ISBN 978-7-5660-1770-3

Ⅰ. ①青… Ⅱ. ①李… Ⅲ. ①青州—地方史—图集 ②满族—民族历史—青州—图集 Ⅳ. ①K295.23-64 ②K282.1-64

中国版本图书馆 CIP 数据核字（2019）第 285364 号

青州旗城历史图片集

主　　编　李凤琪
责任编辑　赵　鹏
责任校对　杜星宇
封面设计　青州金石设计
出 版 者　中央民族大学出版社
　　　　　北京市海淀区中关村南大街 27 号　　邮编：100081
　　　　　电话：（010）68472815（发行部）　传真：（010）68933757（发行部）
　　　　　　　（010）68932218（总编室）　　　（010）68932447（办公室）
发 行 者　全国各地新华书店
印 刷 厂　北京盛华达印刷科技有限公司
开　　本　889×1194（毫米）　1/16　印张：15
字　　数　300 千字
版　　次　2019 年 12 月第 1 版　2019 年 12 月第 1 次印刷
书　　号　ISBN 978-7-5660-1770-3
定　　价　128.00 元

献给新中国 70 周年华诞

前言

青州满八旗驻防城始建于清雍正八年（1730）动工数以万计，历时三年完成，其编制由一品将军至八旗兵民15000人进驻青州，这不仅为“保障东藩”加强了军事力量；同时，青州古郡呈现出汉、回、满多民族共居的格局，形成了丰富多彩而又各具特色的人文景观，掀开青州历史上新的一页。

青州驻防旗兵是一支装备精良、训练有素、纪律严明的军队，其任务不是戍守地方，而是八方驰援。自组建以来，先后参加战斗近百次，史称“师出十全，懋赏频膺”。尤其在鸦片战争中捍卫国土，英勇杀敌，爱国主义精神与事绩威名远扬，彪炳史册。辛亥革命时期，青州满族因拥护共和，军队改编为旗兵团，八旗组织又保留了17年。1929年冬，青州地方各杂牌军为争夺地盘火拼，副都统吴延年参与其事，遭到全城兵民一致反对。吴被迫下野出走，混乱中部队及八旗组织解体，兵民大量外流去青岛、济南等地。其中，除少数知识分子外大部分成为产业工人；而留在青州的只剩两千余人。这支以军兵为业靠俸饷为生的群体（除移居南城的“十大公馆”外），北城满族人全部转为“农民”。此后，在兵燹战火的洗劫中，城垣被毁，庙宇拆除，官方档案及民间文物丧失殆尽，青州满族经历了由盛至衰，大起大落，直至死地而后生的坎坷历程。

满族的先民世居白山黑水，操狩猎，善骑射，民风古朴，源远流长。入关后，在学习汉文化的同时十分重视自己的民族传统。青州满族长期共居于一城之内，虽历尽坎坷仍保留着自己的民俗、语言等优良传统；而且在满汉交流的过程中有所创新。这些独具特色弥足珍贵的民俗文化，为青州古郡丰富多彩的资源锦上添花。

由于北城满族一贯重视教育，造就了处逆境而不自馁，奋力拼搏，积极向上的素质。清末时期粮饷匮乏，生活艰难，他们迎难而进，多方改革，困境中培养出大量人才。这些前辈及其后人，在不同的历史时期（包括北伐时期、“五四”运动、抗日战争、解放战争和中华人民共和国的建设和改革开放）不同地区、不同行业、不同岗位上，为祖国为人民做出了杰出的贡献；而这些“农民”一直生活的青州北城，中华人民共和国成立后也成为全国瞩目，独树一帜的满族聚集地。人们在保留文化传统的同时，不断进取，锐意改革，创造了崭新的生活，受到多方面的关注及上级领导的关怀与奖励。用影像资料记录这段历史，对后人来说是十分迫切的、必要的。

然而，在我们征集资料和编辑过程中，最大的困难是因时代久远，多数人散居于全国各地甚至海外，他们的后裔同我们已失去联系。有些人物和事迹我们能找到文字记载，而影像却非常缺乏。如清末八进士中，我们只找到两人的影像，而那些卓有成就的专家学者和杰出人物，收入这本影集的只有百分之几。现在，在满族同胞和市博物馆、档案馆等多方支持下，我们终于完成了这部影集。尽管它收录的只是凤毛麟角，但仍可“窥一斑而知全豹”。

如今，人们虽惋惜北城的古建筑多已废圯，但庆幸的是先人为我们留下这部分历史古籍和丰富多彩的文化资源。在此，我们对影像资料的提供者表示深深的敬意，因为这些资料是他们怀着对历史、对先辈和对民族文化的崇高情感，从战火纷飞和颠沛流离的处境中保存下来的。在此，我们向他们表示诚挚的感谢！

目录 MULU

旗城兴建与古迹遗存

QICHENGXINGJIANYUGUJIYICUN

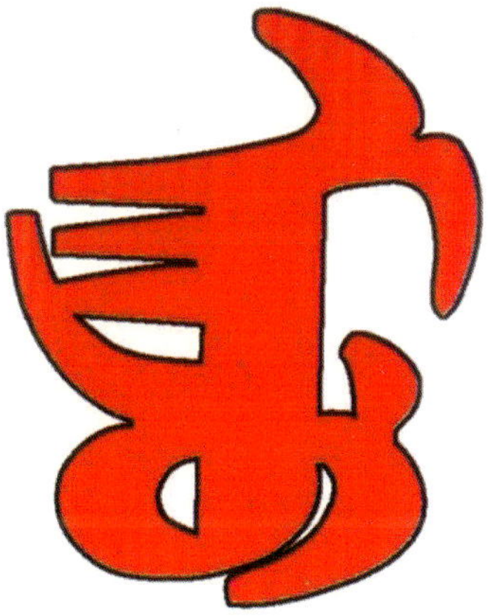

清代八旗

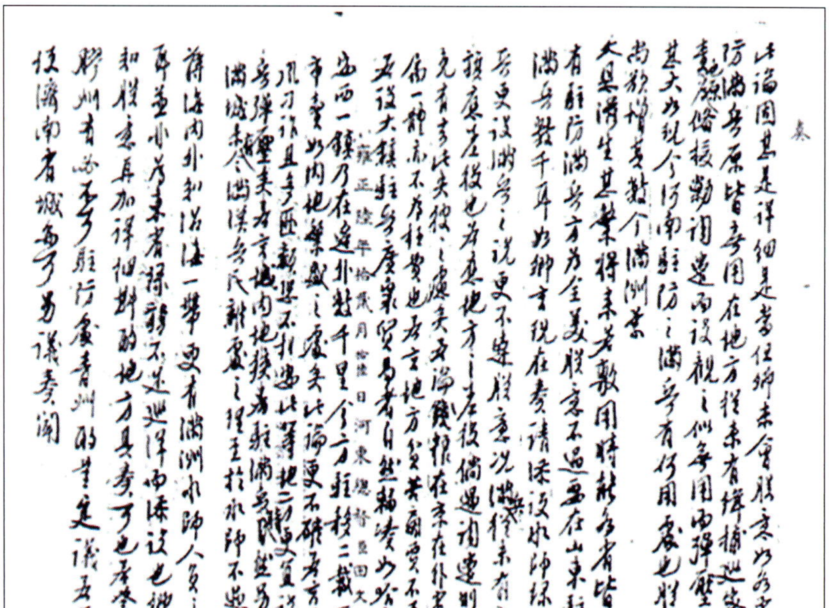

雍正陆年拾贰月拾陆日河東總督臣田文鏡

雍正六年（1728 年）12 月 16 日，雍正皇帝御批河东总督田文镜奏折，第一次提出在青州建立满族八旗驻防城。

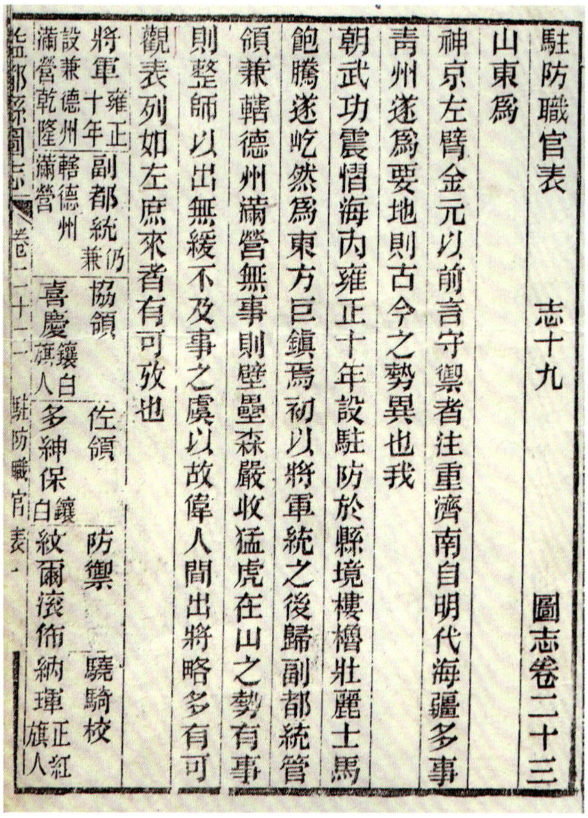
駐防職官表　志十九　圖志卷二十三

山東爲
神京左臂金元以前言守禦者注重濟南自明代海疆多事
青州遂爲要地則古今之勢異也我
朝武功震慴海內雍正十年設駐防於縣境樓櫓壯麗士馬
飽騰遂屹然爲東方巨鎮焉初以將軍統之後歸副都統管
領兼轄德州滿營無事則壁壘森嚴收猛虎在山之勢有事
則整師以出無緩不及事之虞以故偉人間出將略多有可
觀表列如左庶來者有可攷也

將軍 雍正十年設兼德州滿營乾隆 滿營
副都統 仍兼轄德州
協領　喜慶 鑲白旗人
佐領　多紳保 鑲白
防禦　紋爾滾
驍騎校　佈納琿 正紅旗人

益都縣圖志　卷二十三　駐防職官表

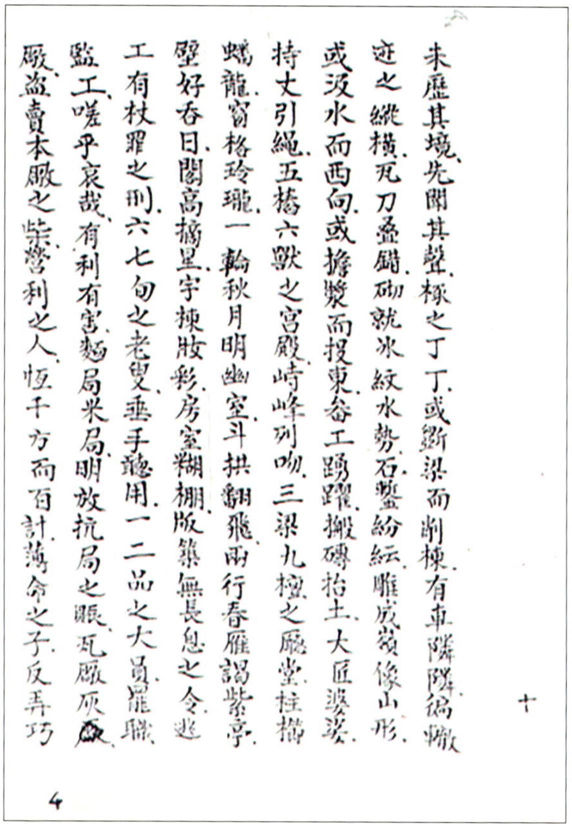
未歷其境，先聞其聲，椽之丁丁，或斷梁而削棟，有車隣隣，
邪之縱橫，瓦刀叠鬭，砌就水紋，水勢石鑿紛紜，雕成蟻像山形，
或汲水而西向，或擔礬而投東，谷工踴躍，搬磚抬土，大匠婆娑，
持丈引繩，五橋六獸之宮殿，崎峰列吻，三梁九檩之廳堂，桂楹
蟠龍，窗格玲瓏，一輪秋月明幽室，斗拱翻飛，雨行春雁謁紫亭，
壁好吞日，閣高摘星，宇棟雕彩，房室糊棚，版築無長息之令，巡
工有杖罪之刑，六七旬之老叟，垂手聽用，一二品之大員，罷職
監工，嗟乎哀哉，有利有害，麵局米局，明放抗局之賑，瓦廠灰廠
暗盜賣本廠之柴，營利之人，恆千方而百計，薄命之子，反弄巧

旗城建于南阳城以北五华里（俗称北城），其工程浩大动工数以万计，由内务府要员为监察御史，会同省、道、府组成筹建班子，青州三任知府参与其事，自雍正八年起历时 3 年竣工。——据清人邱琮玉所著《青社琐记》中对施工现场的记述。

史学家金啟孮教授为青州满族题词。

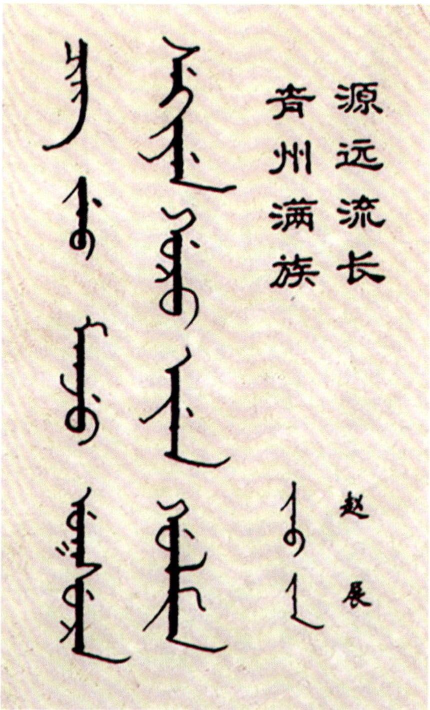

满学专家赵展教授题词。

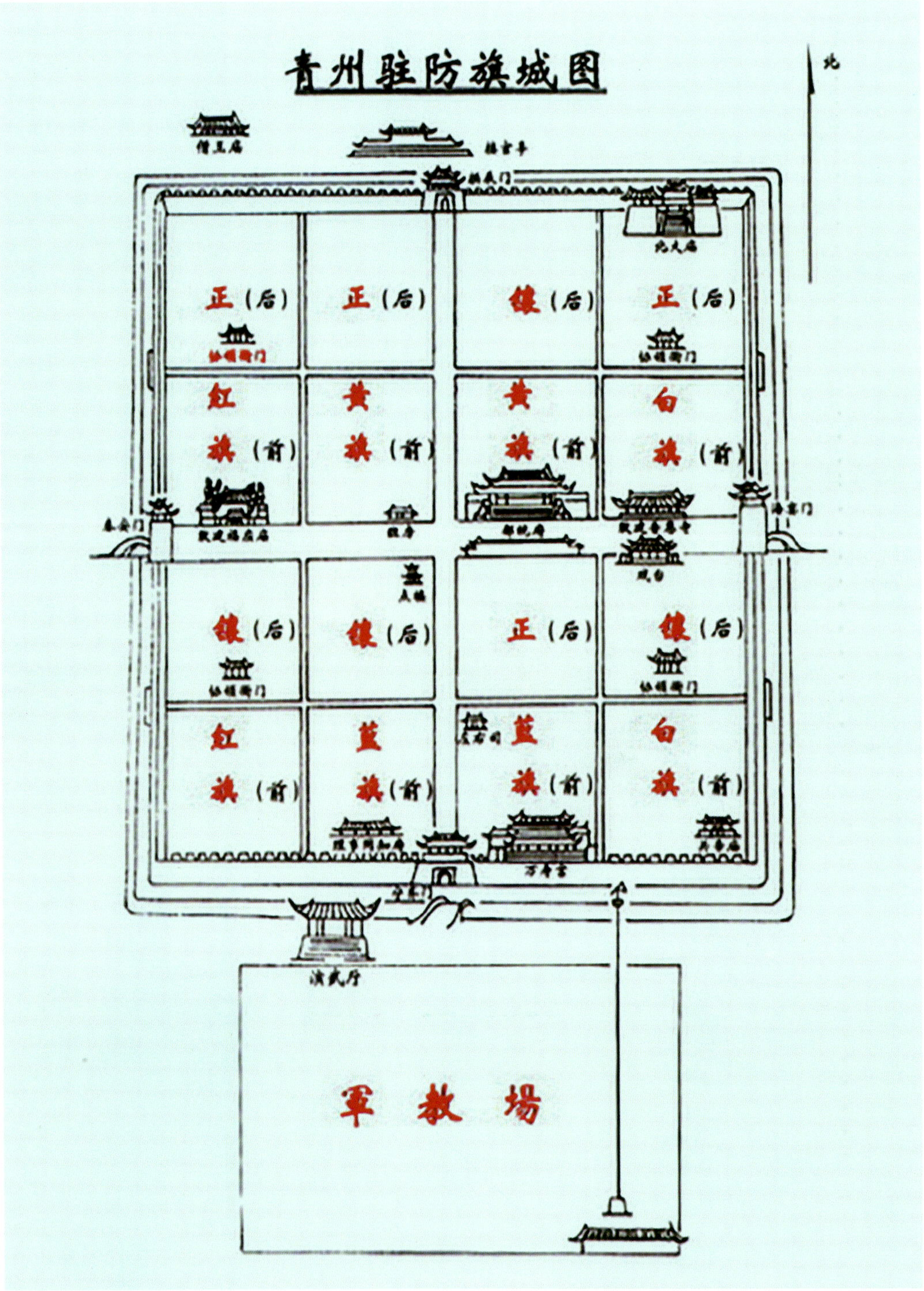

青州旗城按八旗布局，设官衙 58 座，其中有将军府、万寿宫、敕建普恩寺、福应寺、关帝庙、五圣祠以及军教场与演武厅、官学堂、以及兵民住房 4000 余间。八旗兵携眷进驻，共计 15000 余人。在编人员由将军至士兵：官——59 员，兵——马、步、炮俱全，共计 2400 名。

旗城四门：南曰“宁齐”，北曰“拱辰”，东曰“海晏”，西曰“泰安”。四门有重檐转角城楼，巍峨壮观。每座城门又分内外两门，有月城。城楼各置火炮一门，架于月城之上。此门为海晏门外门，照片拍摄于20世纪30年代。

海晏门内门

海晏门瓮城

宁齐门远眺，照片摄于20世纪30年代。

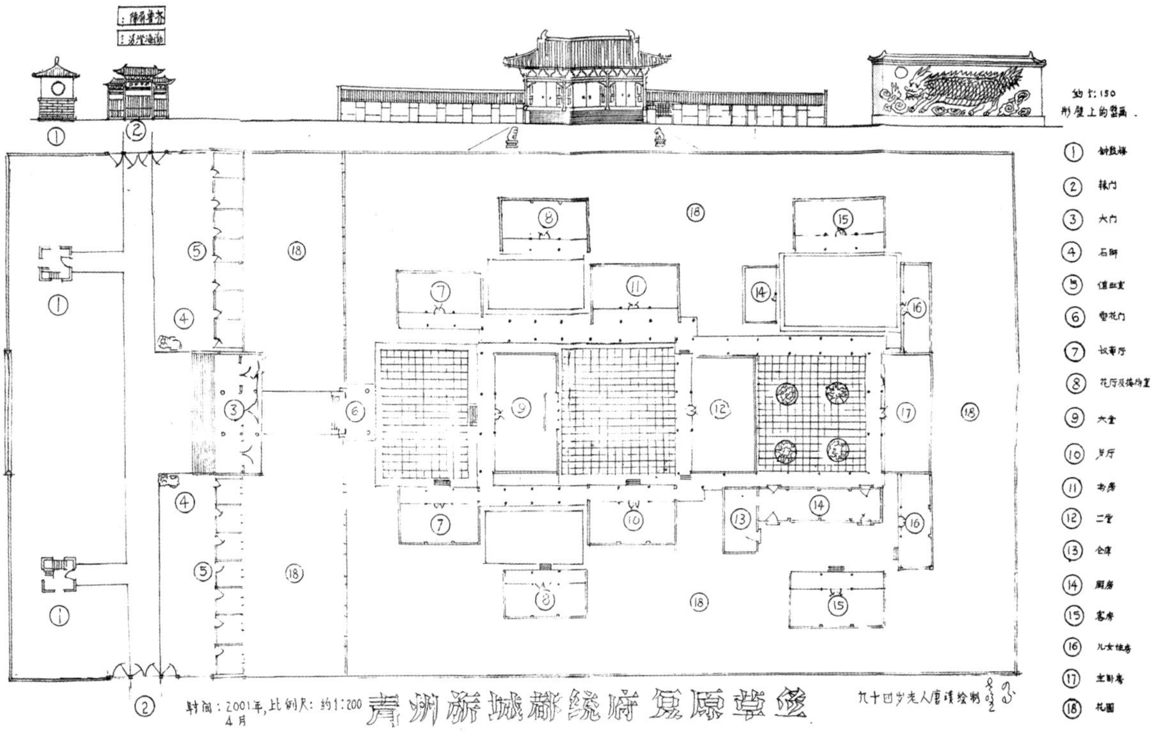

旗城初建原为将军（官阶一品）府，乾隆二十六年裁汰将军，最高军政长官改为副都统（官阶二品），遂改称都统府。此图及以下古建筑系建筑学家唐璞根据幼年记忆和史料所绘的复原图。在《青社琐记》中，对将军府建筑风格之精美曾有这样描绘：

五椿六兽之宫殿峙峰列吻，三梁九檀之厅堂柱栉蟠龙。窗格玲珑，一轮秋月明幽室，斗拱翻飞，两行春燕谒紫亭。壁好吞日，阁高摘星，宇栋妆彩，房室糊棚……

（以下古建筑复原图均系满族建筑学家九十一岁的唐璞所绘）

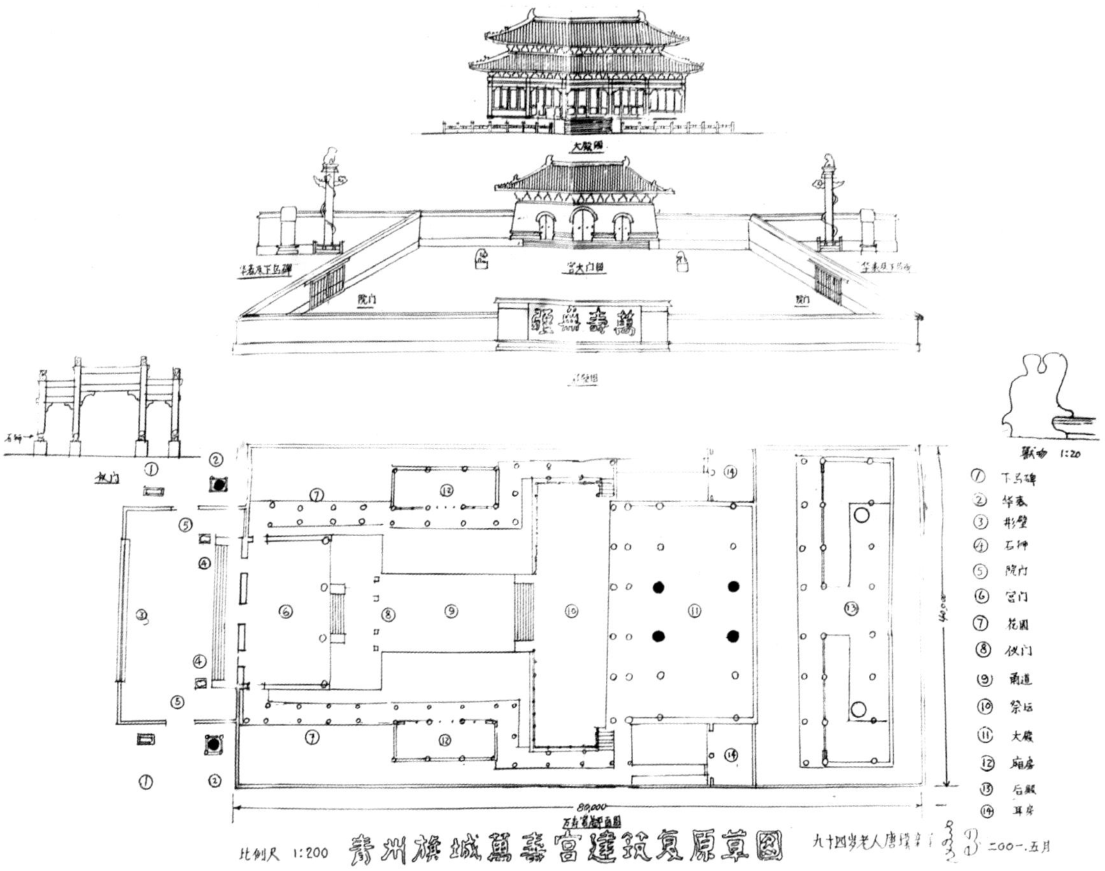

万寿宫原为旗城副都统衙门，裁汰将军后副都统移居将军府，此处扩大规模，改建为皇帝可以驻跸的行宫。门外有两座高大的华表和石碑，上刻：“文武官员军民人等至此下马”，象征着皇帝至高无上的尊严；宫内有午朝门。大殿正面陈设清代皇帝的画像和牌位，以及诏书、谕旨。清代，每逢皇帝和皇后的生日——“万寿节”，北城骁骑校（六品）以上官员，按品级依次跪拜，仪式庄严肃穆。此外，元旦祭天，春秋大祭和出师凯旋，都要按朝廷规定的礼仪，在万寿宫举行祭祀活动，这些都称为官祭。

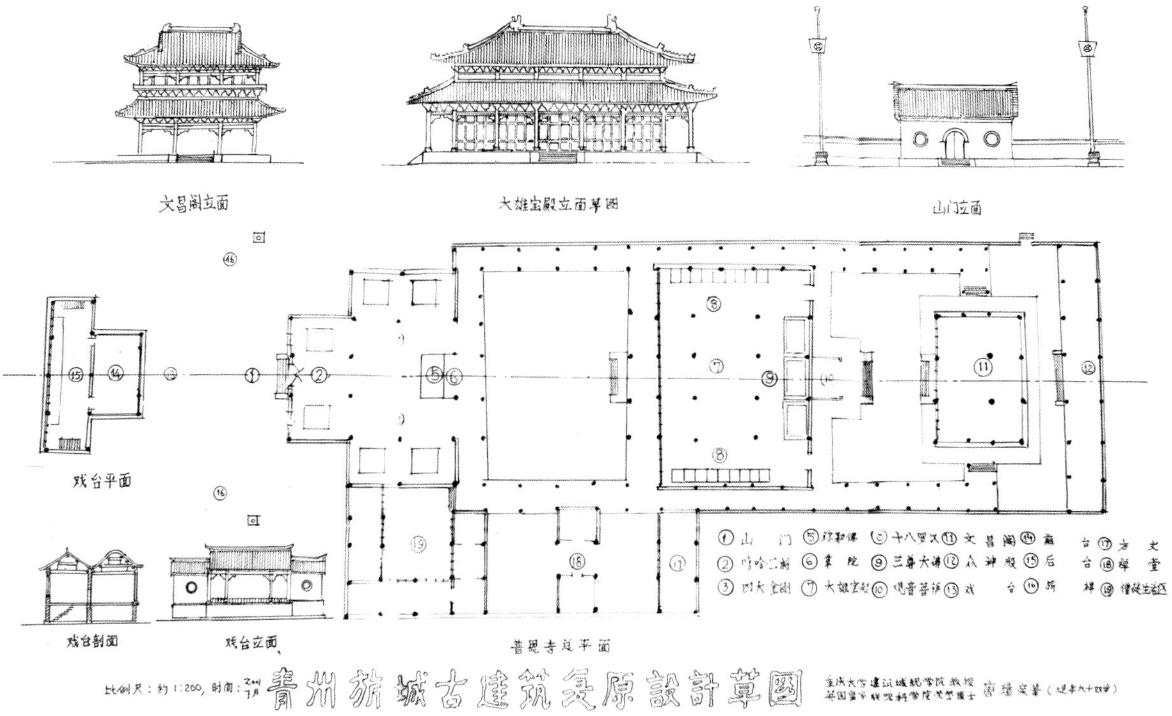

普恩寺（俗称东大庙）

普恩寺座落于东门里将军府毗邻，进庙门两边是四大金刚，迎面为韦陀神；前院大雄宝殿供释迦牟尼，两边排列十八罗汉。释迦牟尼背面为南海观音像，紫竹林与善才龙女，均为彩塑。后院是魁星阁，供文昌帝君。庙内有专职僧人，开支有专项经费，一年四季香火不断。

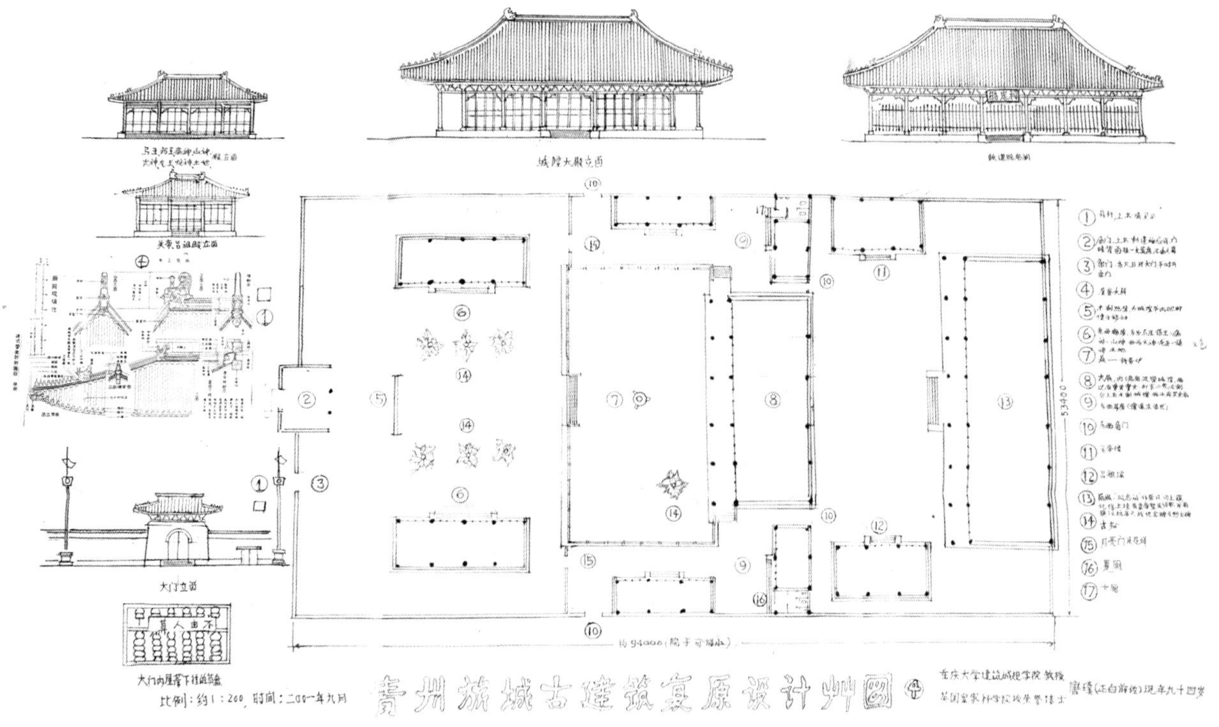

城隍庙(徐铭画描)

福应寺（城隍庙）在西门里，分前后两院，前院正殿供城隍，东西两殿供火神、龙王、马王、药王、瘟神、炮神；后院左右两殿，分别供关公、吕祖，北院正殿为皇帝敕建昭忠祠，供奉历次战争死难烈士牌位。镇江战役两座烈士纪念碑供奉于殿内。此建筑一直保留到中华人民共和国成立以后。

现存“海晏门”匾额，系雍正帝御笔钦定。

将军府门前有一对石狮子，其雕像特点为“平齿”（没有食肉动物的尖牙）史载：建城之初，主建官员拟从当地民间采购木料，雍正帝批示“木料当于南北采买，不得动民间一草一木”；对民工匠役“毋得克扣短少，务使小民均沾实惠。”据此老人们认为石狮子平齿，意在“保一方平安，不鱼肉人民。”

北城八旗组织解体后，这对石狮子在战乱中被日军劫往青岛，企图用船运送回国，但因连日狂风恶浪无法装船。传说，此时湛山寺方丈夜得一梦，梦见石狮子向他求救。老方丈通过日本在华的佛教人士从中斡旋，将石狮子留在了湛山寺。

1987 年，《青州旗城》主编李凤琪赴湛山寺考察时在石狮子前留影。

现在北城社区门前的石狮子系仿照原物复制。

出宁齐门是一片开阔地，为军教场。教场“其平如水，正而且方”，周围长 760 余丈，四里多地，由北城南门直抵古东阳城下。教场上可以排列两千人的步兵和马队，是八旗练兵比武的地方。

军教场对面的古东阳城镇青门

八旗兵的军事训练，平时按旗分别操练，每年春、秋两季，每季历时 2 至 3 个月，最后在军教场合练并列阵演习。演习仪式特别隆重，鸣炮、击鼓，南门城楼响起阵阵螺号，气势恢宏，威武雄壮。一品将军登上演武厅讲台，率八旗官兵行拜旗礼，而后宣布合练项目和摆阵图式。此时，青州府南城的高官，也被邀请出席观礼。

在合练演习中，按马、步、炮不同兵种分进合击，互相掩护，进退有序。清兵早期以骑射为主，步兵与火炮为辅，骑兵冲锋演阵声势浩大，在鼓声与呐喊中边跑边向靶子射箭；而后挥舞腰刀一路砍杀，谓之“冲阵”。“鸟枪兵”边装药边射击，进攻为“一字阵”，防守为“连环枪”，阵式演练三人为一组，统称“九进十连环”。

青州驻防八旗早期编制马甲（骑兵）1700余名，额设军马3231匹。这些马一半（1624匹）在军营服役，另一半（1607匹）按每匹马价银合计存放国库，以备更换马匹或其他开支。因青州无理想的牧马场地，经勘察确定在沂、鲁两山。

沂、鲁两山地势开阔，水草丰美，距离北城60公里，如军务紧急用马，一天便可赶到驻防营地。每到冬、夏两季停操或没有战斗任务时，八旗兵虽不能“刀枪入库”却可“马放南山”。光绪年间建立新军，青州驻防改为马步联军，战马大量减少。1925年，张宗昌将马步联军改为步兵团，军马场彻底荒废。

从雍正十年（1732）至八旗组织解体（1930）198 年期间驻防官员：一品将军 14 员、二品副都统 45 员、三品协领 40 员、四品佐领 63 员、五品防御 72 员、六品骁骑校 73 员、理事同知从乾隆至光绪末年 33 员（余缺），共计约 400 员。附正三品以上官职表。

青州驻防官职表（一至三品）

将军	正一品、共十四员，雍正十年设，兼辖德州满营。乾隆二十六年裁汰，著副都统管理。				
鄂弥达	镶蓝旗人，雍正十年任	阿里衮	正蓝旗人，雍正十二年任	阿思海	正黄旗人，乾隆元年任
钦拜	镶红旗人，乾隆三年任	额尔图	镶红旗人，乾隆十一年任	什勒满	正白旗人，乾隆十五年任
罗善	镶蓝旗人，乾隆十五年任	那晏太	正白旗人，乾隆十六年任	色尔图	镶红旗人，乾隆十八年任
噶尔玺	镶红旗人，乾隆二十年任	色克慎	正白旗人，乾隆二十年任	那木图	镶黄旗人，乾隆二十一年任
达色	正黄旗人，乾隆二十二年任	厄尔德孟额	镶白旗人，乾隆二十四年任		
副都统	从二品，共四十五员仍兼辖德州满营				
阿尔呼禅	雍正十年任	喇麻保	乾隆三年任	祈尔且	乾隆九年任
三达色	乾隆十二年任	色尔登	乾隆十三年任	伊常阿	乾隆二十年任
舒泰	乾隆二十二年任	候英泰		万福	乾隆二十五年任
素玉	镶黄旗人，乾隆二十六年任	永福	镶白旗人，乾隆二十九年任	诺伦	镶黄旗人，乾隆三十年任
舒泰	正黄旗人，乾隆三十二年任	德云	镶黄旗人，乾隆三十四年任	伍什布	镶黄旗人，乾隆三十六年任
庆霖	镶黄旗人，乾隆四十九年任	观明	镶黄旗人，乾隆六十年任	阳春	正白旗人，嘉庆七年任，十年授福州将军
八十六	嘉庆十六年任，二十二年授绥远城将军	那海	嘉庆十年任，十六年卒	毓秀	嘉庆二十二年任
西凌阿	嘉庆十三年任，道光二年卒	常在	道光二年任，本年八月卒	禄明	道光二年任，六年十月病解
福祥	镶黄旗人，道光六年任七年十月授杭州将军	国祥	（宗室）镶蓝旗人，道光八年任，十二年二月庙盛京副都统	英隆	（宗室）镶蓝旗人，道光十二年任，十七年六月调广州汉军副都统
德珠布	正白旗人，道光十七年任	常清	正白旗人，道光二十五年任	穆特恩	正白旗人，道光二十二年任，二十五年授广州将军

庆如	正白旗人，咸丰三年署任	载岱	正白旗人，咸丰四年署任	恩夔	镶黄旗人，咸丰六年任，同治七年八月病解
春福	镶黄旗人，同治七年任，光绪三年四月授察哈尔都统	穆图善	镶黄旗人，光绪三年任，同年八月授察哈尔都统	弈贵	（宗室）正蓝旗人，光绪三年署任
载良	（宗室）镶蓝旗人，光绪五年署任	托云布	光绪六年八月命，八年六月调	谦禧	（宗室）正红旗人，光绪九年任，十年四月授热河都统
德克吉讷	正蓝旗人，光绪十年署任，十九年七月解	讷钦	正白旗人，光绪十九年任，二十四七月调	锡光	正黄旗人，光绪二十四年任，二十五年十一月解
噶鲁岱	镶蓝旗人，光绪二十六年任，三十年十一月革	英慈	（宗室）镶蓝旗人，光绪三十一年任，同年六月调	文瑞	镶黄旗人，光绪三十一年任，三十四年调成都，后升西安将军
英瑞	光绪三十四年正月任	秀昌	宣统二年任	延年	正红旗人，宣统三年任
协领	正三品，共四十员				
喜庆	镶白旗人	伊成额	镶蓝旗人	倭克进	正黄旗人
穆克登阿	正蓝旗人	怀塔布	镶白旗人	明霖	镶黄旗人
伊瑧额	镶蓝旗人	长廉	镶蓝旗人	久禄	镶蓝旗人
达善	镶黄旗人	多廉	镶黄旗人	贵升	镶红旗人
久福	镶蓝旗人	恒祥	镶蓝旗人	庆恒	镶黄旗人
兴山	镶黄旗人	毓增	镶白旗人	晋祥	镶蓝旗人
成广	正黄旗人	塔兴阿	正黄旗人	毓升	镶蓝旗人
增林	镶蓝旗人	倭绅	正蓝旗人	喜昌	正白旗人
塔喀苏堪	镶黄旗人	德恒	镶白旗人	瑞成	正黄旗人
萨勒哈畚	正白旗人	廉平	镶蓝旗人	瑞善	镶蓝旗人
敬文	镶红旗人	斌秀	正黄旗人，光绪二十七年任	全山	正黄旗人，光绪三十年任
晋良	镶白旗人，光绪三十二年任	延年	正红旗人，光绪三十三年任	广玉农	镶黄旗人
嘉勋	镶蓝旗人	松恒	正红旗人	曾典初	正白旗人
舒秀伦	正黄旗人				

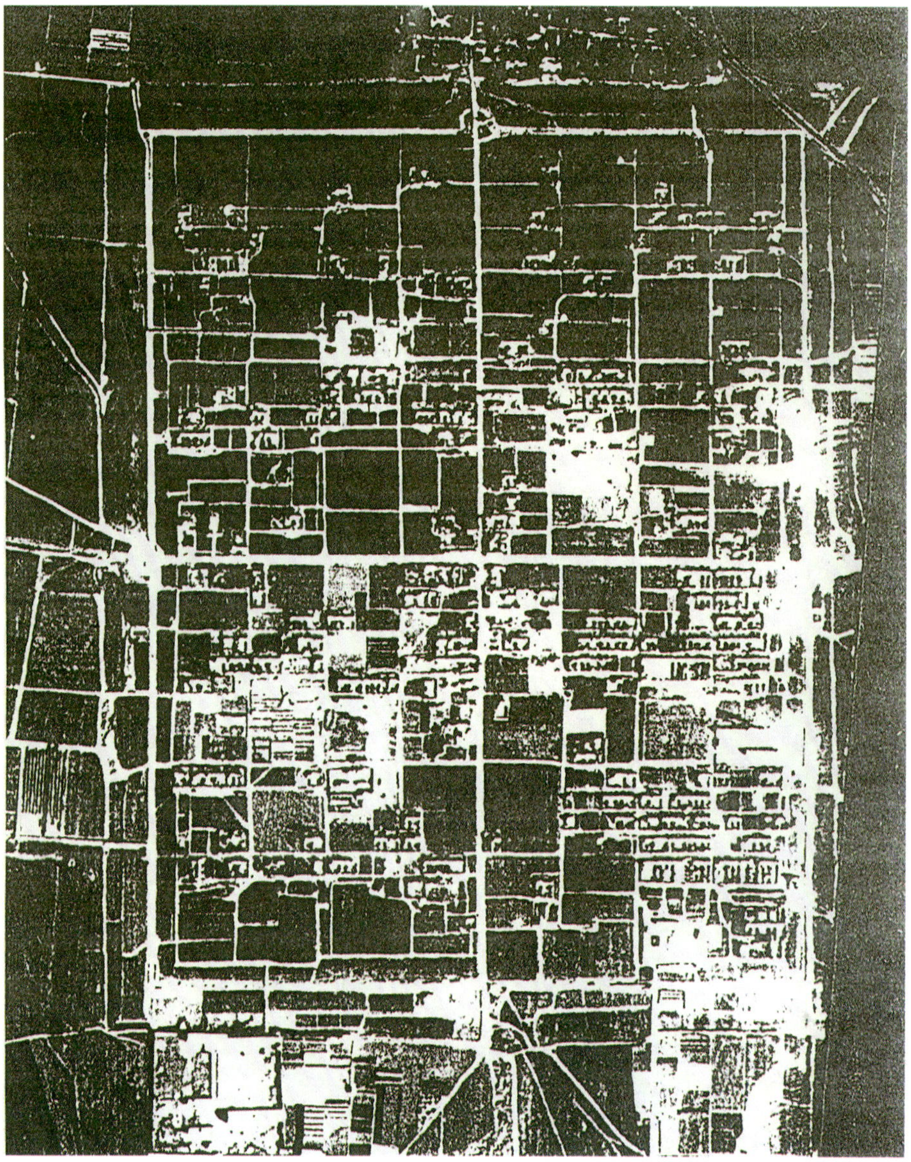

1912 年，辛亥革命后，万寿宫改为学校。城内虽多处破败荒芜，但福应寺、北大庙、城垣及城楼四门，至 20 世纪 30 年代，依然保留着原来的面貌与规模。

1929 年冬，在青州各杂牌军混战中，旗兵团与八旗组织相继解体，人员大量外流。此后，都统府、普恩寺和理事同知衙门，在战乱中相继被毁。

1946 年至 1948 年，解放战争时期，在敌我双方不断的“拉锯战”中，万寿宫、北大庙（北城最大的关帝庙）以及城楼四门，先后毁于兵燹战火。

在众多的庙宇中，福应寺（西大庙）保留时间最长，因为庙内保留着镇江抗英烈士纪念碑和为国捐躯的亲人牌位，香火一直不断。1964 年，县里修水库需要木料，将院内七棵松树伐走，两座纪念碑运往博物馆，庙寺随之废圮。

这张照片是“七七事变”时，日军侵占青州之前（1937 年腊月初八），派飞机在空中侦察地面情况，在北城上空拍摄的鸟瞰图。

现在北城保留的八旗官员住宅

官员住宅

兵民住宅

住宅门楼

住宅屋脊

风门图案“鹤鹿同春”

室内隔扇

此处原为骁骑校衙门。民国初年，关恭正（满文进士，曾任河南益阳县知县）与寇显庭集资，在此建立宣化会，宗旨为“宣教传统，治病救人”——即为群众提供医疗服务。

清前期为保持驻防军队战斗力，曾发布不准八旗兵民出旗、经商或与汉人通婚等“十项禁令”，后因人口繁衍、粮饷匮乏等诸多原因逐渐解禁。凡做外官落叶归根，出国留学在外地任职，或家有积蓄投资经商等均可出旗置产。清末民初，北城先后移居南城的旗人 20 余户，其中影响较大的有所谓“十大公馆”。他们的后人文化素质较高，或从政，或经商，有的开办工厂，有的从事教育和医药，同汉、回民族杂居和睦相处，促进了文化交流与经济发展，为古城青州的繁荣做出积极贡献。

满族在南阳城十大公馆示意图

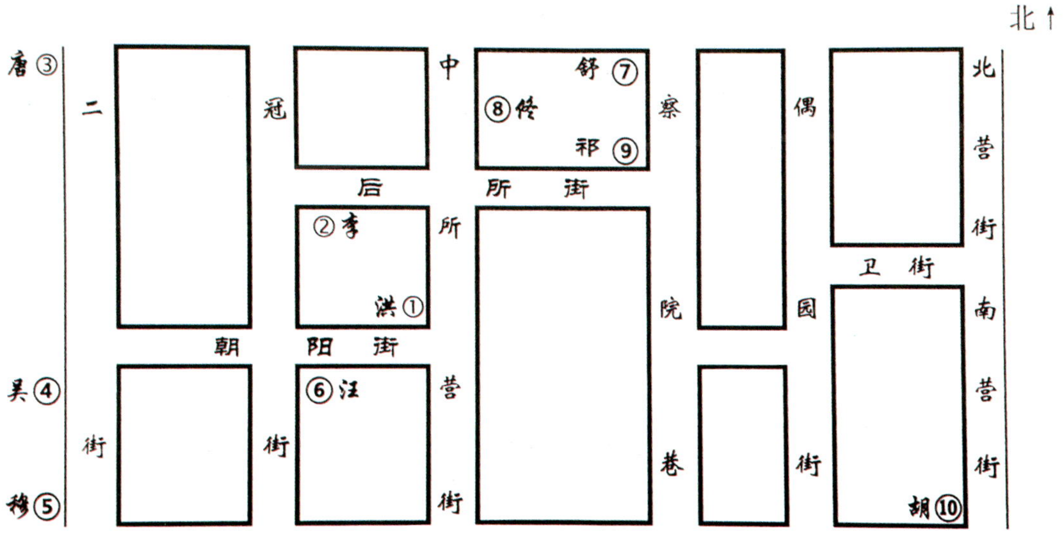

满族在南阳城十大公馆示意图。

注：

（1）洪固卿，清代进士，户部侍郎。

（2）李昆河，黄河道四品官员。

（3）萨哈勒畚，汉姓唐，统领马步联军协领。

（4）吴延年，旗城最末一代副都统。

（5）穆云峰，清代进士，曾任知县。

（6）完颜祥清，汉姓汪，留学日本，济南第一中学校长，教育家。

（7）舒秀伦，清末最末一代协领。

（8）斌秀，汉姓佟，清代协领。

（9）祁锡璋，曾任河南登封县县长，地方著名绅士。

（10）胡玉振，毕业于日本士官学校，官至旅长。

四品官黄河道李昆河（右二）在南阳城后所街旧居与家人合影（摄于民国十六年正月）。

户部侍郎洪固卿在南阳城朝阳街的旧居（摄于 2010 年）。

末代副都统吴延年在南阳城二街的遗址（摄于 2016 年）。

庆霖，号晴邨，满族镶黄旗人，乾隆时期任青州旗城副都统，官阶正二品。他虽为武官却酷好诗词文墨，与当时的著名文人袁枚、蔡震、杨峒均有交往。乾隆五十七年（1792 年）夏，山东学政翁方纲来青州视学，庆霖在府衙与翁相会。因见院中古槐茂盛诗兴大发，遂各作古槐歌一首勒石留念，这两方石刻至今收藏于青州市博物馆。

庆霖古槐歌石刻

庆霖古槐歌

合抱层荫庇政厅，苍茫海岱作藩屏。
树如省廨仪形古，人记槐堂剑履铭。
茂樾大东飞翠盖，虹枝拱北指台星。
每来茶话披览处，我与高轩共眼青。

王子冬十月

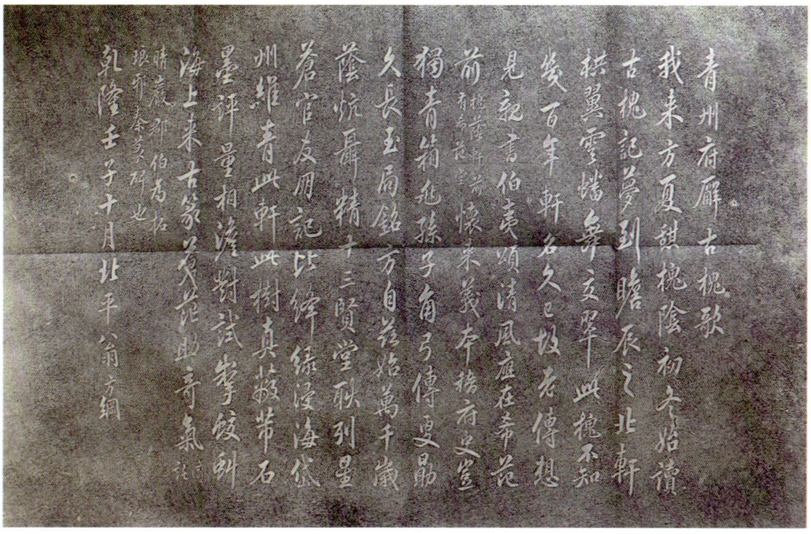

翁方纲古槐歌石刻拓片

重修范公祠亭碑（左），高 1.82 米，宽 0.68 米。碑正文 14 行，共 580 余字。文中颂扬了范公的业绩，记述了清同治九年（1870 年）修葺范公亭概况。碑文系青州驻防镶蓝旗协领（官阶三品）书画家毓升（字寅谷）撰并书写，现立于范公亭公园的三贤祠内。

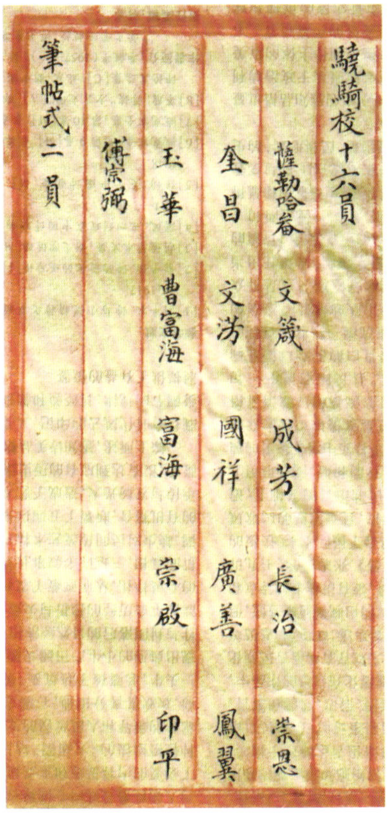
驍騎校十六員
薩勒哈春 文箴 成芳 長治 崇恩
奎昌 文湧 國祥 廣善 鳳翼
玉華 曹富海 富海 崇啟 印平
傅崇弼
筆帖式二員

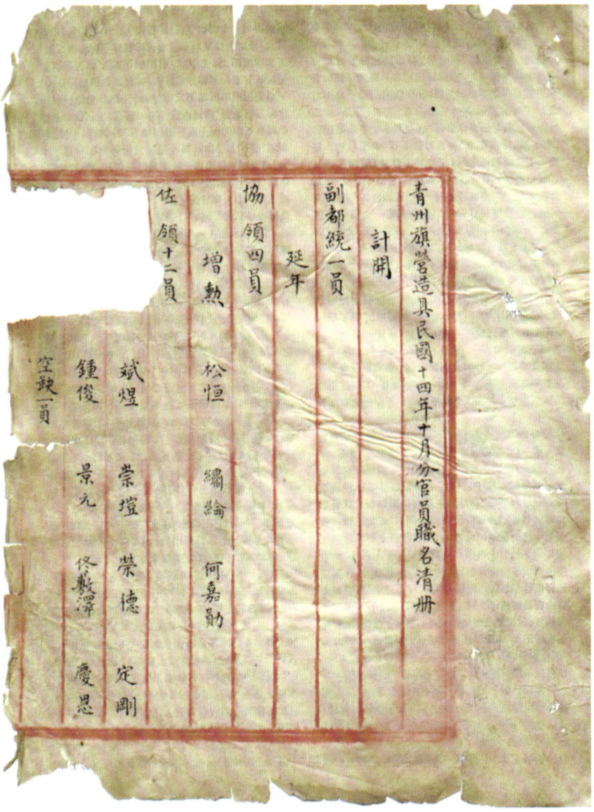
青州旗營造具民國十四年十月分官員職名清冊
計開
副都統一員
延年
協領四員
增勲 松恒 繡綸 何嘉勛
佐領十二員
斌煜 崇墤 崇德 定剛
鍾俊 景允 佟敷澤 慶恩
空缺一員

八旗官员及兵民档案

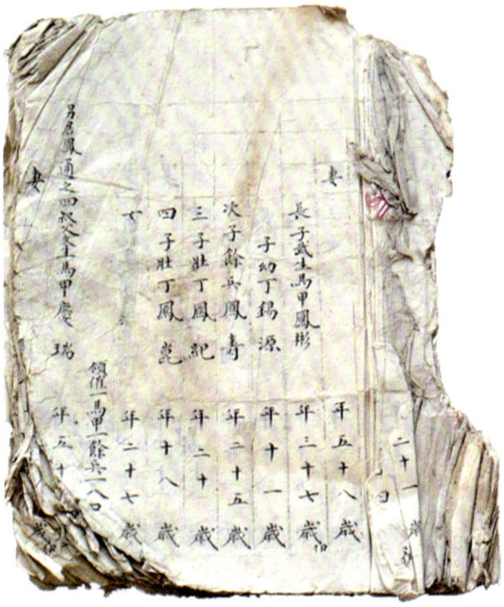

八旗兵民档案

满文四书

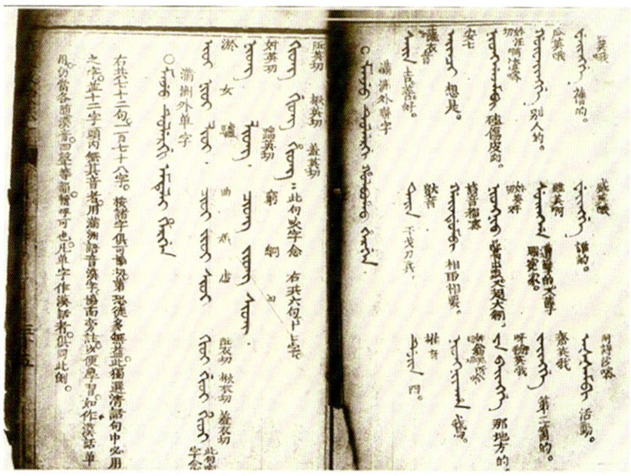

满文学习资料

满营专用对笔

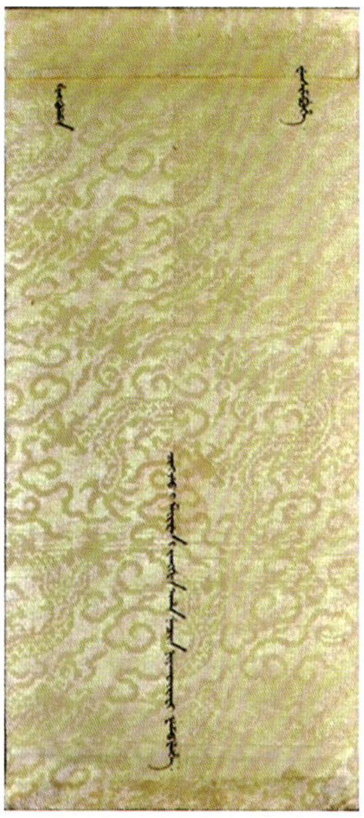

满文奏折封面、佐领衙门官印印盒

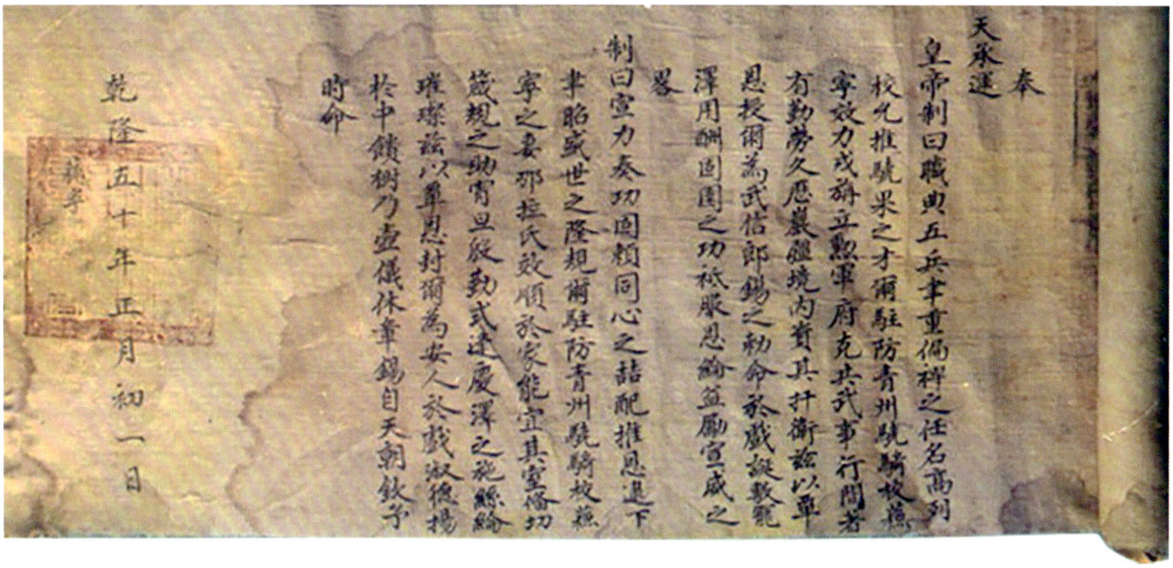

奉
天承運
皇帝制曰職典五兵聿重偏裨之任名高列
校允推驍果之才爾駐防青州驍騎校蘇
寧效力戎旃立勳軍府克共武事行間著
有勤勞久歷嚴疆境內資其扞衛茲以覃
恩授爾為武信郎錫之勅命於戲擬數寵
澤用酬固圉之功祗服恩綸益勵宣威之
略
制曰宣力奏功固賴同心之詰配推恩逮下
聿昭盛世之隆規爾駐防青州驍騎校蘇
寧之妻那拉氏效順於家能宜其室備切
箴規之助宵旦殷勤式逮慶澤之施絲綸
璀璨茲以覃恩封爾為安人於戲淑德揚
於中饋樹乃壼儀休章錫自天朝欽予
時命
乾隆五十年正月初一日

清代，官员如有功绩其祖父母、父母及妻，可得到皇帝的封赠。根据官职不同的级别，分别赠予淑人、恭人、宜人、安人等称号。此文系乾隆十五年对驻防青州的骁骑校（官阶六品）苏宁之妻那拉氏敕封为“安人”的诏书。

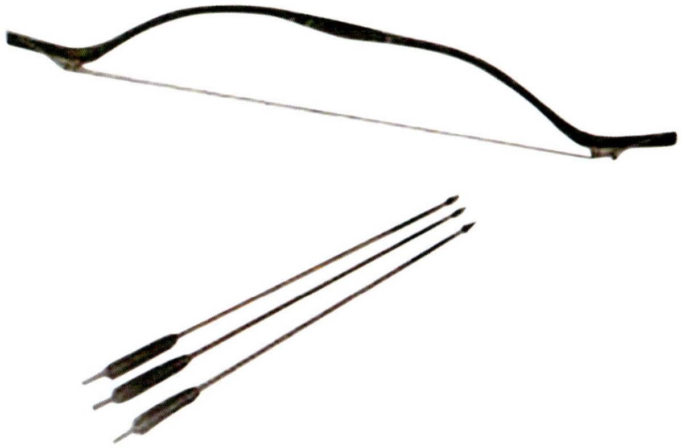

弓箭

青州八旗军队马、步、炮俱全，早期作战以骑射为主，兵器主要是弓箭、腰刀、长枪、藤牌、鸟枪、火炮等，而弓箭在武器中占绝对优势。

扳指

从现在遗存骨质扳指上看磨痕累累，显示出早年练兵作战的艰辛。清后期宫廷将玉石玛瑙做成扳指，作为赠品赏赐官员。

在清代，青州满族并非人人都能吃到国家的“皇粮”。身强力壮的男子16岁入丁，首先开弓、步射、耍刀、举石锁等必须合格，而后由各旗佐选拔，在军教场经一马三箭或一马三枪考试，成绩优秀者才能入选。几代人不能吃粮当兵，生活陷入贫困的现象比较普遍，所以青年人都竞相练习骑射。

骑兵用的腰刀

八旗兵出征的铠甲

冷兵器时代，八旗驻防的骑兵冲锋陷阵。

清末，在改革军制和换装期间，青州驻防八旗兵先后参加了北京和天津小站练兵，石家庄和潍县会操（阅兵），成绩优良，武器装备也随之改善。

北城满族瓜尔佳氏官服祖像

武官三品绣豹“补子”

清代朝服的前胸和后背都绣有图案，俗称“补子”，也叫补服。文职图案为禽鸟，武职图案为猛兽，按品级各不相同。现存武官二品绣狮“补子”。

北城正白旗协领喜昌之儿媳、舒老太太晚清服饰画像。

满族戴的帽子分官员与旗民两种。官员因级别、文武不同，其“顶子”各异。

清代满族服饰有“女履旗鞋男穿靴”之说，女子发式多姿多彩，俗称“两把头”，服饰称为旗袍，样式多种多样。

民间帽子

“帽准”，官宦人家多用玉石制作。

旗袍是最有代表性的，也是满族对中华民族的贡献。满族妇女穿高跟木底鞋（也叫寸子鞋，根据年龄色彩各有不同）。

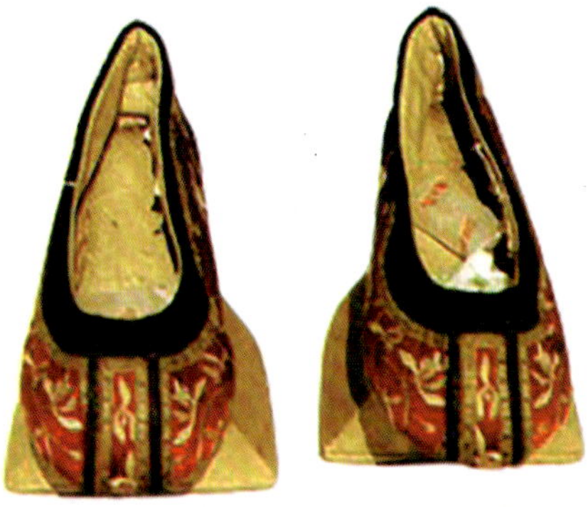

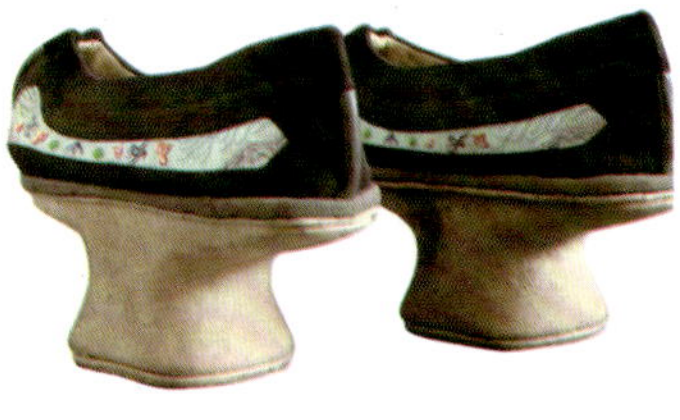

过去，青州满族不论男女都喜欢戴荷包，男人挂在腰带两侧，女的挂在大襟嘴上。荷包以缎、绸、布为料，形状有圆、长、鸡心、花篮、葫芦等样式。

绣花枕头两端的画面，上为“荷塘月色”，下为“富贵牡丹”。

满族传统的绣花露耳枕头

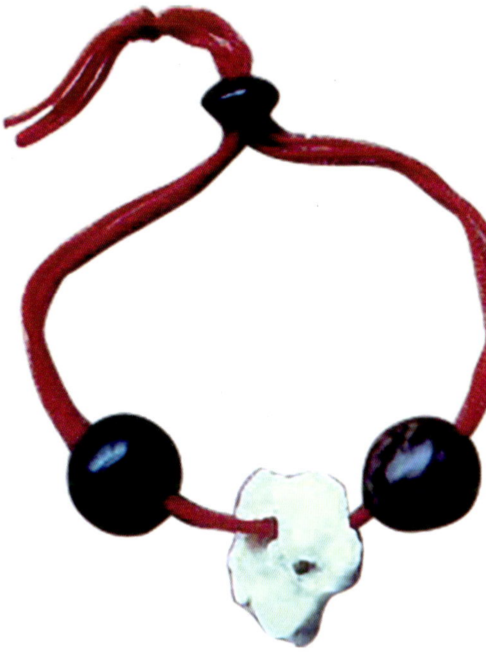

儿童戴在手腕上的手链，叫“压惊骨”。

满族用的酒壶、茶杯

至今保存的明代书画家陈眉公诗句插屏

清代花瓶

在青州满族的居民族长家中，西炕正中的山墙上，供着神圣的“窝撒库”——祖宗板，板上放谱匣和祖宗碗。这是满族尚无文字时形成的最古老的人口繁衍记事方式。祖宗板上常贴白挂签，满族风俗以西为尊，以白为贵。中间有一竖写的满文——“佛勒哥楚克”，即祖宗在天之灵。下面挂着一个黄布口袋，俗称“祖宗口袋”。

青州满族的祖宗板

祖宗挂签

北城满族保存的祖宗碗

祖宗口袋

“祖宗口袋”内装有一条几丈长的线绳（俗称子孙绳），也有装着以绳为纲连成的横竖有序的网，家中每生一个男孩，就系上一张小弓，每生一个女孩，就系上一根红布条或荷包。子孙绳越长，系物越多，则表示子孙繁盛，世代绵长。

旗城的石氏和那氏家族至今保留着最古老的家谱——“祖宗口袋”。这是郝秀珍老人展示口袋中的小弓箭。

北城老书记那端奎向采访者讲述子孙绳的意义和用途。

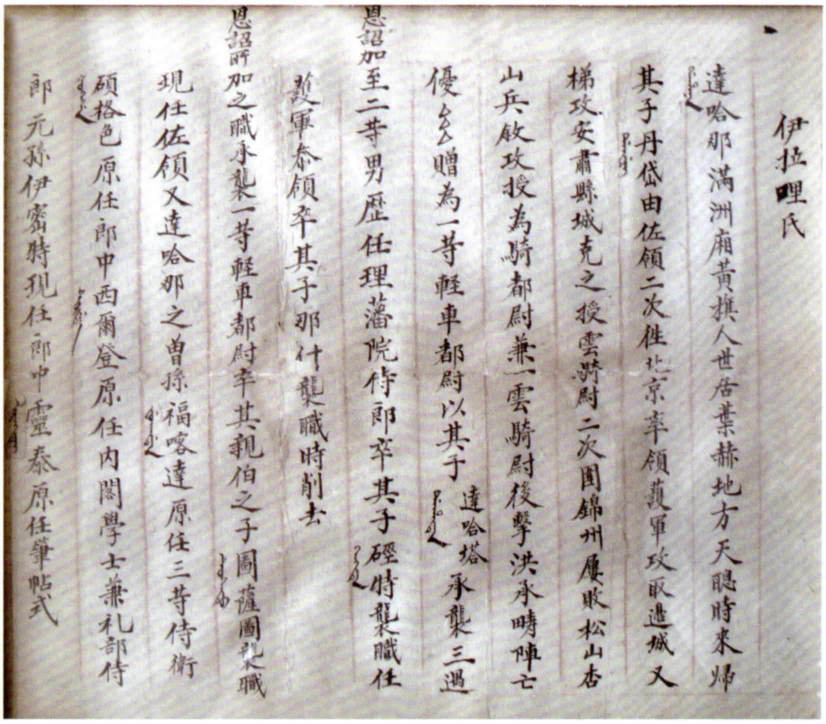
伊拉哩氏
達哈那滿洲廂黃旗人世居葉赫地方天聰時來歸
其子丹岱由佐領二次往北京率領護軍攻取遵城又
梯攻安肅縣城克之授雲騎尉二次圍錦州屢敗松山杏
山兵斂攻授為騎都尉兼一雲騎尉後擊洪承疇陣亡
優䘏贈為一等輕車都尉以其子達哈塔承襲三遇
恩詔加至二等男歷任理藩院侍郎卒其子硜時襲職任
護軍叅領卒其子那什襲職時削去
恩詔所加之職承襲一等輕車都尉卒其親伯之子圖薩圖襲職
現任佐領又達哈那之曾孫福喀達原任三等侍衛
碩格色原任郎中西爾登原任內閣學士兼礼部侍
郎元孫伊賓特現任郎中靈泰原任筆帖式

伊氏家族谱书式家谱，记载着这个家族和满族演变的历史。

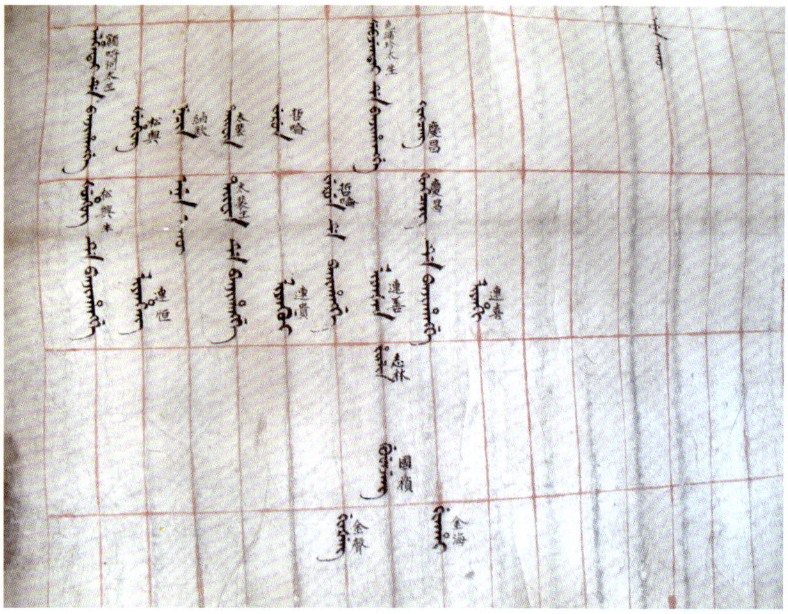

汪氏家谱用满、汉两种文字记载着家族的传宗接代。

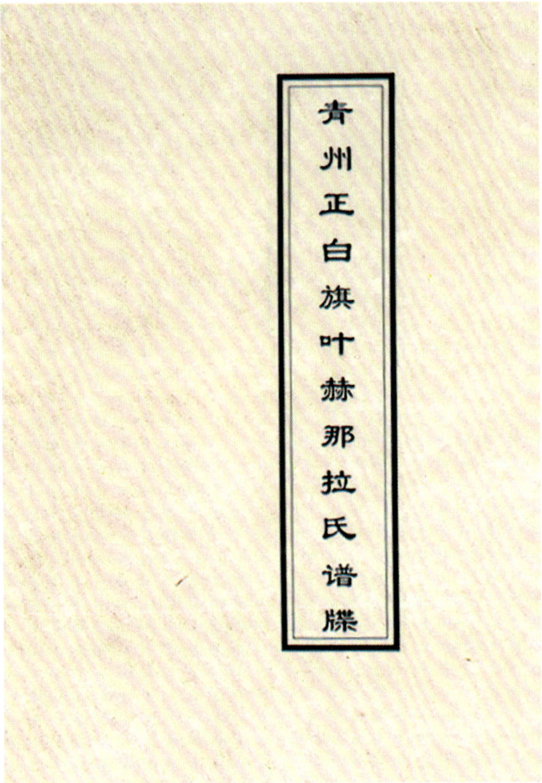

青州正白旗叶赫那拉氏谱牒

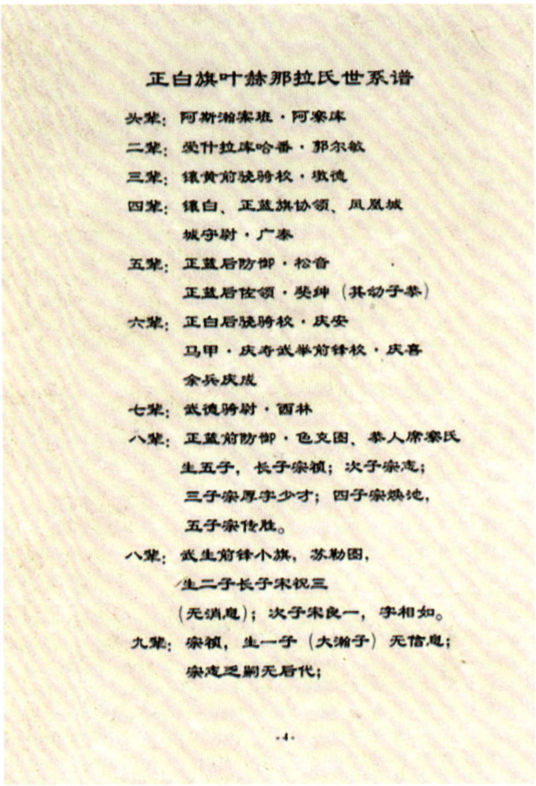

正白旗叶赫那拉氏世系谱

头辈：阿斯瀚索班·阿索库

二辈：爱什拉库哈番·郭尔敏

三辈：镶黄前骁骑校·墩德

四辈：镶白、正蓝旗协领、凤凰城
城守尉·广泰

五辈：正蓝后防御·松音
正蓝后佐领·奕绅（其幼子恭）

六辈：正白后骁骑校·庆安
马甲·庆寿武举前锋校·庆喜
余兵庆成

七辈：武德骑尉·西林

八辈：正蓝前防御·色克图、恭人席索氏
生五子，长子宗祯；次子宗志；
三子宗厚字少才；四子宗焕池，
五子宗传胜。

八辈：武生前锋小旗，苏勒图，
生二子长子宋祝三
（无消息）；次子宋良一，字相如。

九辈：宗祯，生一子（大瀚子）无信息；
宗志乏嗣无后代；

-4-

叶赫那拉氏家族谱单式家谱

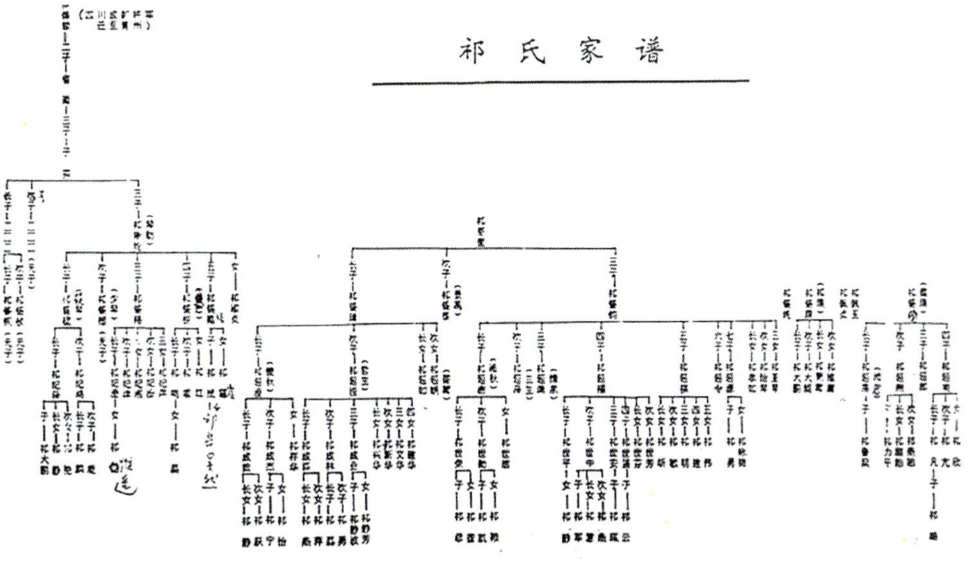

祁氏家族先辈伊琫额镇江抗英有功晋升将军，其后家族兴旺，人才辈出，此为祁氏家谱。

寇氏家族影像式家谱

道光二十四年十月
吉立

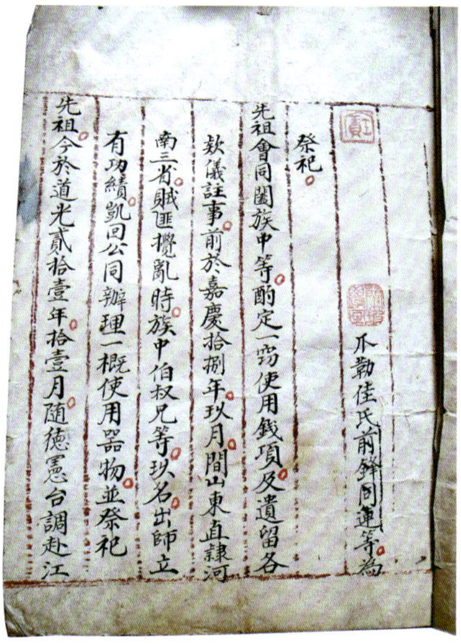
瓜勒佳氏前鋒闓運等為
祭祀
先祖會同闔族中等酌定一切使用錢項及遺留各
款儀註事前於嘉慶捌年玖月閏山東直隸河
南三省賊匪攪亂時族中伯叔兄等玖名出師立
有功績凱回公同辦理一概使用器物並祭祀
先祖今於道光貳拾壹年拾壹月隨德憲台調赴江

瓜尔佳（关）氏家族参加镇江抗英战役归来祭祖修谱，其中记载“现有头等伤一名，阵亡者一名，并无人私回青州，以此可见族中忠义之气也……”。

青州八旗兵作为一支八方驰援的野战军，曾参加大小战役上百次，战斗中英勇顽强、不怕牺牲。尤其镇江抗英和北京南苑抗击八国联军，武器与战术虽落后于西方列强，但视死如归的爱国主义精神彪炳史册、名扬中外。镇江战役中，青州兵阵亡 65 人，伤近百人。道光皇帝敕建旗城昭忠祠，战斗中协领伊琫额因功擢升成都将军；同时，镇江府各界也为青州兵建忠烈祠，刻石立碑，铭文彰志。两座碑作为国家一级文物，至今收藏于青州市博物馆。

史载，1842 年 7 月，英军集结 12000 人，军舰 25 艘，载炮 68 门，溯长江西上。镇江守军原只有千人，青州兵 400 名，官员 13 名，奉命由江宁（南京）支援镇江。初到镇江，扼守东码头和焦山炮台。敌舰前来侦查，青州兵点燃火筏顺江而下，敌舰惊退 20 里。火筏熄灭后，英舰派多艘船只载英军登陆，青州兵开炮击沉敌舰 5 艘。后大队英舰麇集江面，守将海龄令青州兵分守四门，“门各百人，遂致势不相救”。青州兵与地方守军，面对超过他们 7 倍具有现代化装备的敌人展开了生死决战。

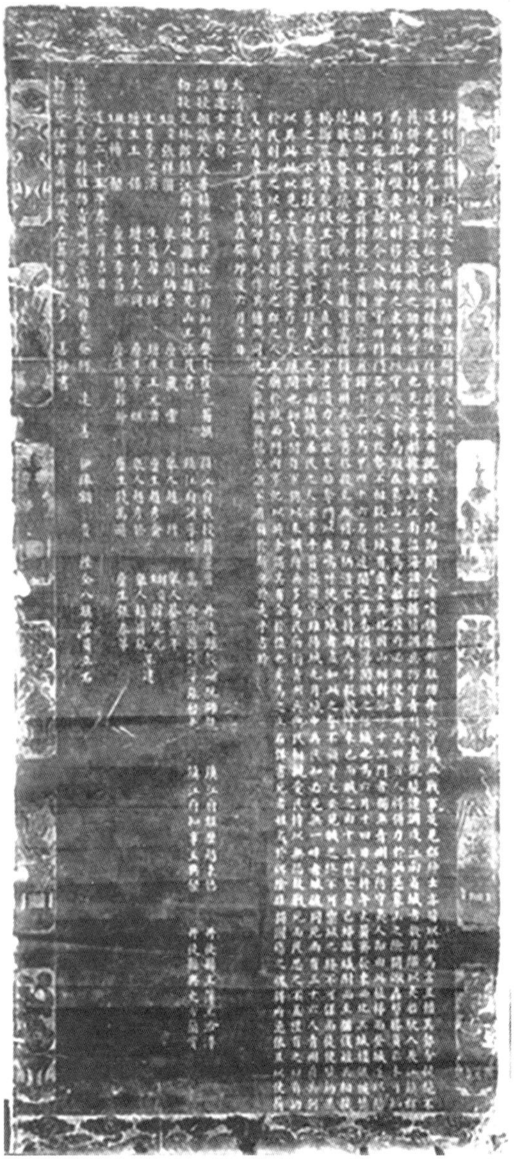

据《忠烈碑》记载：

“六月十四日（7月21日）天将午，火箭齐发，东、西、北三城楼俱被焚烧，贼乘势攀跻，守兵以千数，皆震慑，独青州兵奋勇格杀，至血积刀柄，滑不可持，尚大呼杀贼”。城陷后，驻防副都统海龄投火自焚，青州兵在失去指挥的情况下仍节节抵抗，奋勇拚杀，与英军展开激烈的巷战，“犹复短兵相接，腾掷巷战，击毙贼且数十百人，直至全军尽溃，力不能支，始夺门以出”。

189　英人對華的新遠征

擱淺了，不過漲潮后就駛開了。英國人克服了這些困難，逼近鎮江
駐防旗兵雖然不通兵法，可是決不缺乏勇敢和銳氣。這些駐防旗兵
卻殊死奮戰，直到最后一人。他們在應戰以前好像就已料到戰斗的
投火自盡。在這次戰斗中，英軍損失了185人，他們為了對此進行報
英軍作戰時自始至終采取了極端殘酷的手段，這種手段是和引起這
如果這些侵略者到處都遭到同樣的抵抗，他們絕對到不了南京。可
對岸的瓜州城投降了，并交出了300萬元的贖金，英國海盜自然極滿
進腰包里去了。

過了鎮江，航道深達30潯，因此，就深度來說航行已很便利，

革命导师恩格斯在他的《英人对华的新远征》一文中，对驻防青州兵英勇战斗不怕牺牲的爱国精神予以高度评价。

《草间日记》记载：

“夷人登城是取书院所贮修城长梯十数张蚁附而上，时城中以青州兵为军锋奋勇向前，枪炮竞发，夷人坠梯者纷纷，仍无退阻，攀堞者愈众。……青州兵众寡不敌，死者十七八，城遂破也。”

《横山乡人稿》记载：

“十三门已倾十余丈，英践而登。一青州兵持长矛，贯一夷，未及拔，复贯一夷，矛不能举，夷拥砍之，城遂陷。”

《镇城竹枝词》：

云梯一搭上城头，
火箭横空射不休，
若问何人能战死，
最怜兵苦是青州。

后在长期战乱中，镇江的城垣及忠烈祠废圮。2002年，镇江市在烈士陵园重建青州兵《忠烈碑》碑亭。

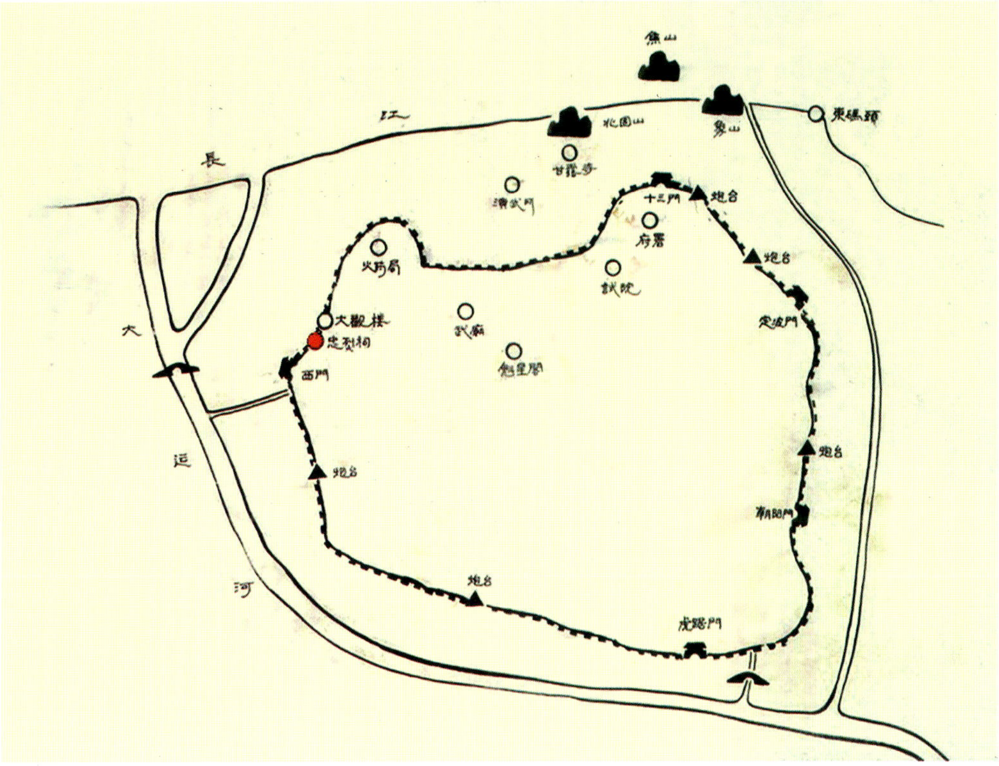

1845 年，镇江府在西门城内为青州兵建立的忠烈祠。

1990 年，《青州旗城》主编李凤琪赴镇江考察焦山炮台。

至今保留的焦山炮台原貌

采访镇江战役死难烈士的后裔汪金海老人。

镇江战役烈士名单

镶黄旗：委署前锋校文魁、前锋绂兴阿、连兴、贵海、马甲双魁、萨勒杭阿、存贵、庆广、连通

正黄旗：前锋文升、法克进、明昌、马甲贵林、瑞喜、色布政额、倭什珲、达萨图、齐喇图、色克图

正白旗：前锋色布政阿、马甲文贵、达哏阿、常住、连喜、色陈、哈楚先

正红旗：委署前锋校喜兴、领催色凌额、莫尔根佈、前锋庆住、马甲群德、会连、伊勒图、穆齐吞、巴克唐阿、连德、塔尔翰布、伊凌额、恒祥、倭什珲、文静、惠林、来住

镶白旗：前锋常保、马甲吉善、伊翰、阿克敦布

镶红旗：前锋吉龙阿、马甲双存、萨勒杭阿、宽海、明安、玛扬阿、保亮

正蓝旗：马甲文魁、齐哏阿、贵新、杨桑阿、保长

镶蓝旗：委署前锋校阿勒金图、领催阿楚珲、前锋尚阿图、西喇图、庆云、马甲贵庆

青州满族历来重视教育，建城之初即设八旗义学，凡二十岁以下十岁以上者，皆令入学读书。光绪十四年，青州旗城的学子赴省考试成绩优良，山东省巡抚张曜和省主考国子监盛伯羲带头捐款；并商同地方官多方集资，支持旗城创建书院。佐领乌力畚将其先祖因功养憩之所（西店的乌家花园）捐减出售，建立了海岱书院。张曜和盛伯羲分别题写了“海岱书院”和“上马立功，下马立言”匾额，悬挂于大门内外。东院新建和修缮讲堂、教室、斋舍等，可容纳学生四个班，二百余人。西院保留了花园的楼台亭阁和荷花池。书院首任院长由南城旌贤书院教授法小山兼任，监院由青州府理事同知、管院由益都知县分别兼任；制定了《海岱书院章程六条》，体现了满汉联合办教育的方针。

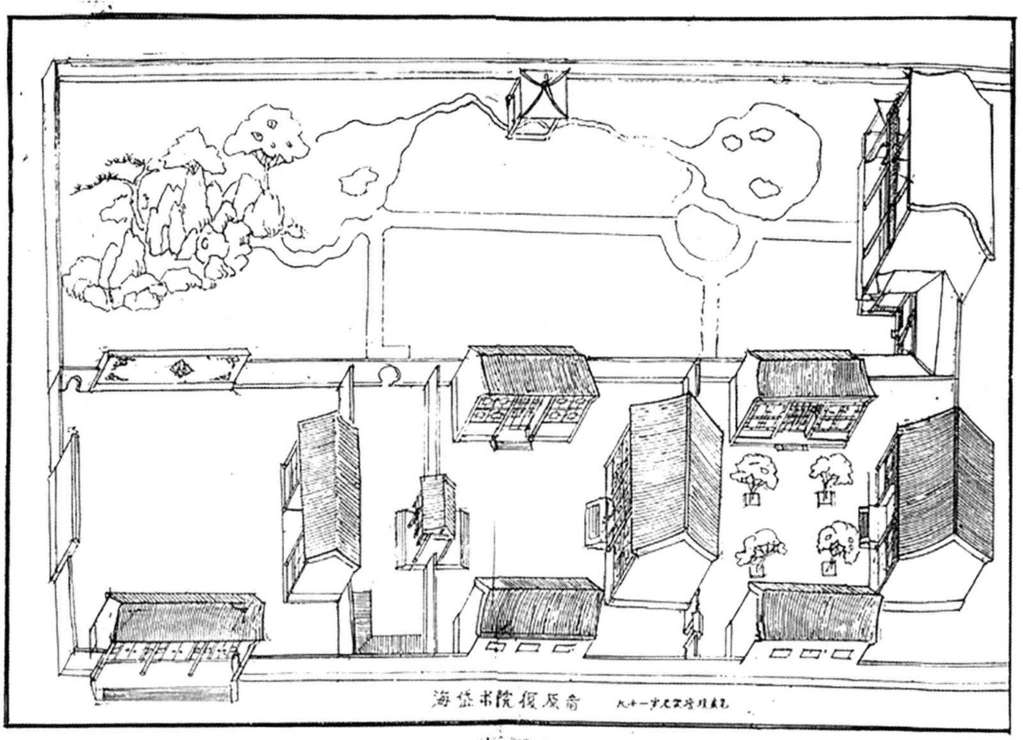

海岱书院复原图系由海岱书院学子、九十一岁建筑学家唐璞老人绘制。

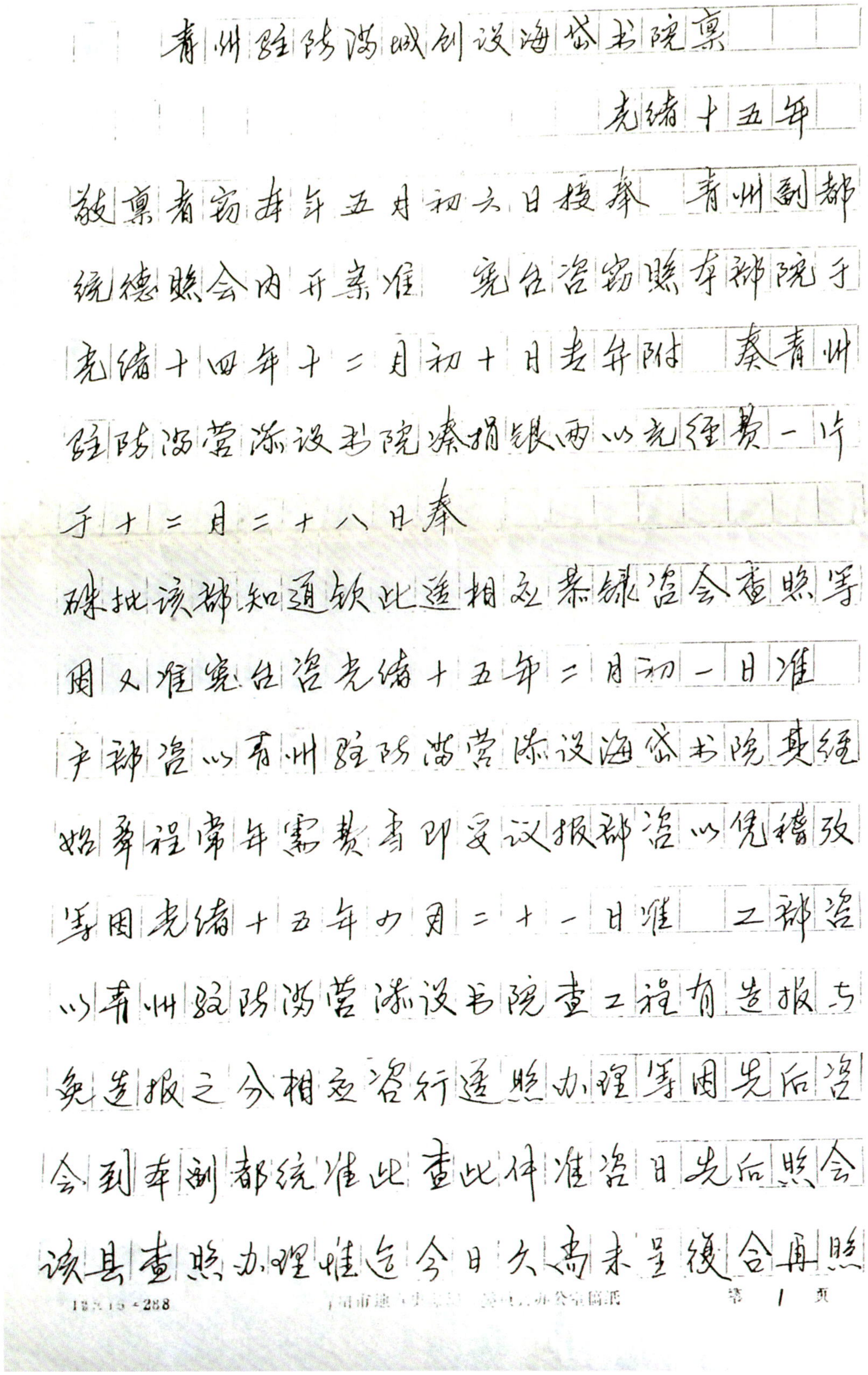

青州驻防满城创设海岱书院禀

光绪十五年

敬禀者窃本年五月初六日接奉 青州副都
统德照会内开案准 宪台咨窃照本部院于
光绪十四年十二月初十日具奏附 奏青州
驻防满营添设书院凑捐银两以充经费一片
于十二月二十八日奉
硃批该部知道钦此遵相应恭录咨会查照等
因又准宪台咨光绪十五年二月初一日准
户部咨以青州驻防满营添设海岱书院其经
始章程常年需费书即妥议报部咨以凭稽考
等因光绪十五年四月二十一日准 工部咨
以青州驻防满营添设书院查工程有造报与
免造报之分相应咨行遵照办理等因先后咨
会到本副都统准此查此件准咨日先后照会
该县查照办理惟迄今日久尚未呈復合再照

第 1 页

创建海岱书院的奏折

清明游海岱书院杂咏

清·唐松寿

海岱新名院，凭云旧号楼。
松林斜抱好，竹径曲添幽。
挹翠茅亭结，临漪水榭留。
山环青黛峙，池绕碧波周。
螺光檐外罨，霌气庭中浮。
鸟语醒尘梦，花香浣客愁。
树头蜂蝶闹，轩外紫红稠。
论德谈经地，飞觞醉月秋。
前贤频景仰，胜境任遨游。
古籍三椽满，名言二字搜。
才喜文兼武，人欣刚化柔。
八旗尽统诵，四海敛戈矛。
渊源钦世学，桃李总门收。
文章必己出，辞藻拔少尤。
徒尔笙竽滥，那能学仕优。
栽培勤泉志，创建伯羲道。
报国群期否，持身我欲求。
韶华莫虚掷，归咏乐咸休。

清末，王朝经济衰败粮饷匮乏，因而教育日渐萧条。此前虽建立海岱书院，因招生名额有限，不能满足兵民渴求教育的要求。光绪三十一年，文瑞调任青州副都统，采取了兴办实业，改革军制，裁汰冗员，精兵简政等措施发展教育。《清史稿》列传的记述是：“念旗民乏生计，为辟工厂，兴学校，编制军队，满城一切皆治办。文瑞擢升西安将军后，兴学、劝工、为治复仿青州……”

文瑞，钮祜禄氏，满族镶红旗人，世袭男爵。曾任马兰关总兵，中日之战防守喜峰口有功，光绪三十一年调任青州，任副都统。此为文瑞画像。

《京外学务报告》

查青州驻防营文风素佳，民风亦驯，文都统热心教育，提倡所有初等小学四区及各旗备斋，经费乃裁本营差马百匹，月省一百五十两，又津贴银一百两，八旗共集银三十四两，每月共银二百八十四两为常年经费，节省已极。又设海岱武备小学堂，学生四十八名；八旗翻译学堂，学生六十四名。青州驻防营教育基础略具，深可嘉，尚又将营地傍近种桑，并教旗民将营田麦秆编制草帽，于养民亦极其留心，尤为可佩，若从此更谋改良进步，则尤善。

一、青州驻防城备斋学堂八处

学堂地址	教员		学生数		教学科目
	前斋	后斋	前斋	后斋	
正黄旗	斌　福	彭　寿	27	19	读书、习字
镶黄旗	荣斌 荣福	景　元	30	13	同上
正红旗	俊和布	荣　礼	16	36	同上
镶红旗	荣　和	荣　吉	22	22	同上
正白旗	遇顺 谦厚	乌林 凝芳	35	25	同上
镶白旗	平　秀	秉　中	26	27	同上
正蓝旗	韩长洲	刘天衢	14	15	同上
镶蓝旗	景　谦	松　寿	24	25	同上

二、青州驻防城初等小学堂四处

学堂名称	管理员	教员	教学科目	学生人数
青州驻防四区初等中心小学堂	总　办：斌　秀 总　董：文　杰 管学官：恩　庆 乌　珍	西学：崇　祐 中学：宋兆林 恩　庆 广　福	修身、读经、讲经、国文、历史、地理、数学、德文、习字	60
镶黄、正白旗初等小学堂	总　理：斌　秀 总　董：文　杰 管学官：景　福 翁克布	西学：崇　祐 中学：瑞　彭 钟　音 荣　德	同上	60
正黄、正红旗郅治初等小学堂	总　理：斌　秀 总　董：文　杰 管学官：荣　智 荣　康	西学：崇　祐 中学：衡　文 成　瑞 赓音岱	同上	60
镶红、镶蓝旗隆平初等小学堂	总　理：斌　秀 总　董：文　杰 管学官：邬拉畚 景　忠	西学：崇　祐 中学：长　庆 定　时 荣　陛 崇　文	同上	60

三、益都县学务岁出按学生平均计算表

单位：银两

项　目	学生数	平均数	总平均数（小学）
青州府城中学堂	100	47	
青州府城师范学堂	24	50.875	
青州府城实业学堂	93	93.548	
青州驻防学堂	726	9.322	
益都县高等小学堂	75	52.08	
益都县初等小学堂	274	3.529	27.804

注：以上表格出自光绪三十三年（1907 年）《益都县学务统计表》

海岱书院旧址（拍摄于 2000 年）

光绪二十四年（1898 年）维新变法，海岱书院遂改为海岱中学。1909 年，海岱书院又创办了英文专修馆，培养外语人才，聘请宋传典（东亚毛纺厂创始人宋裴卿之父）任教。民国四年（1915 年），文秀之（其夫为抗击八国联军入侵战死于北京南苑）与其子松恒（旗城最末一代协领），又创办了女子学堂。从晚清至民国初年，先后培养出大批人才。

共计有进士八人：

寿　椿（汉姓金，字子千），进士。

博其图（汉姓洪，字固卿），进士（满文翻译）。

景　格（汉姓张，字守善），进士（满文翻译）。

穆都理（字云峰），进士（满文翻译）。

和绅布（汉姓何，字子振），进士。

祁锡璋（字奉臣），进士。

关恭正（字次方），进士（满文翻译）。

赛沙敦（汉姓寇，字颜卿），进士。

考入高等学堂或公费出国留学成就显著者：

吴中敏　保定军官学堂毕业，官至副军长，后参加北伐与抗日同盟军。

胡玉振　日本士官学校毕业，陆军 47 旅少将旅长。

完颜祥清　日本高等师范毕业，省立一中校长，教育家。

唐良恩　留学美国，土木工程博士，曾出席在美召开的太平洋会议。

唐承恩　省优级师范学堂毕业，曾在海岱书院任教，著名书画家。

容远溪　留学德国，矿业专家。

佟恩甫　留学日本，建筑学家，曾任济南市建设局长。

祁锡琦　省优级师范学堂毕业，地理学家，英国皇家地理学会名誉会员。

胡锡候　省高等师范学堂毕业，教育家，曾任旗城海岱中学校长。

甘殿香　省高等师范学堂毕业，地理学家。

唐文瀚　省高等学堂毕业，德语翻译兼工程师，曾参与修建胶济铁路。

舒伯臣　省政法学堂毕业，法律学家，在青州创立了第一家律师事务所。

金驾石　上海沪江大学毕业，中国商船驾驶员总会和中国轮机员总会创始人之一。

金月石　中国商船驾驶员总会理事长，上海市一至五届人大代表，著名爱国航海家。

石愚山　省高等师范学堂毕业，教育家，济南“五四”爱国学生运动领导人之一。

祁锡璋　曾任河南登封县知县。爱国人士，1938 年遭日军杀害。

赵庶常　《大公报》名记者，青岛通讯社社长，1938 年遭日军杀害。

赵　璧　女，儿科专家，九三学社成员。抗日时期曾掩护党的地下工作者。

祁延霈　字天民，毕业于清华大学，地质学家、历史考古学学者，新疆九烈士之一。

胡　刚　省师范学堂毕业，抗日奔赴延安，转战陕甘宁及东北，后任全总国际联络部副部长。

胡　旭　抗战期间任晋察冀军区战线剧社社长，后任中央电台文艺部长、陕西省广播电视厅副厅长。

胡　可　剧作家，曾任解放军总政文化部副部长、艺术学院院长、中国戏剧家协会副主席。

祁延煦　中央大学航空系毕业，1949 年“两航”起义组织者之一。

唐　珍　山东矿业学校毕业，黑山煤矿总工程师，矿业专家。

徐伯川　复旦大学土木系毕业，西安冶金建筑学院教授。

徐汇平　省高等师范学堂毕业，我国早期天文事业奠基人之一。

何　森　青岛医学院教授、妇科专家。

唐　璞　中央国立大学建筑系毕业，建筑学家。英国皇家科学院授予荣誉博士。

金知人　中国商船专科学校毕业，船长，解放战争时期驾船自香港北归。

佟至善　华北浸礼会神学院毕业，基督教三自爱国会山东省常委，济南市副会长。

那胜全　英文专修馆毕业，考入青岛公安局分管外事，后弃政从商，旅居美国。

黄　裳　上海交通大学毕业，长期从事新闻工作。中国作家协会理事，当代著名作家、翻译家、文艺评论家。

寇培深　毕业于中山大学，著名书画家。作品在国内及日、美、台有广泛影响和高度的评价。

部分名人与轶事简介

BUFENMINGRENYUYISHIJIANJIE

洪固卿（1870—1946）满名博其图，镶白旗人。光绪二十年（1894年）满文翻译进士，精通满、蒙文字，后自学日语、俄语，官至户部侍郎（正二品）。他廉洁勤奋，工作出色，受到协办大学士翁同龢的赏识与推荐。后因参加“百日维新”活动被慈禧降级留用。清帝逊位后，洪固卿闲居北京。1915年袁世凯称帝邀其参与政事，洪一怒之下离京隐居青州，委托其弟信卿在博山经营陶瓷煤炭。日伪时期，益都伪县长丁逊斋登门请其出来谋事，被洪严词拒绝。

洪固卿（右三）、洪信卿（右一）与全家合影（摄于清末）

洪信卿，洪固卿之弟，民国初年在博山与商人刘子久经营陶瓷煤炭，后因刘子久携款潜逃，经营破产，洪信卿气病身亡。

李昆河，字玉川，镶黄旗人，清末任济南黄河道四品官员，晚年退休在青州南城后所街闲居。有一年青州地方连降大雨，临朐到弥河一带出现水患，李昆河应地方官邀请，协助勘查河道，疏河排洪，治理了当时的青州水患。

1900 年摄于北京丰台

庆元，生于1867 年，镶红旗斡勒氏家族（汉姓石），北城满族战场武术最后一代传人。清朝以武功开国，尚武精神是八旗兵的传统，不论何种兵种（包括文职），在录取时都要进行武术考核，全民习武风尚造就出许多武林高手。庆元十六岁考中枪箭马甲，后升任委署前锋校，1894 年甲午战争参加保卫刘公岛。1899 年，赴京参加新军训练时逢八国联军进攻北京，参与了南苑阻击战。

1935 年拍摄于青岛

后期，庆元在京津一带任汉军“绿营”的刀马教练，结识了很多武林高手，其中有北洋直隶武备学堂毕业的田中玉，并在青州北城为其代办了结婚仪式。后来，田升任山东省督军兼省长，邀其出任军事高参。庆元淡泊名利，婉言谢绝。晚年落户青州，终年 84 岁。

唐伯善，字子元，镶蓝旗，唐塔他拉氏。生于道光八年（1828 年）逝于光绪十六年（1890 年）。他与祖父庄林、儿子松寿三代人均具诗才，著有《素履堂诗钞》《倚枕吟》和《唐氏诗钞》共选入诗作 282 篇，在旗城被誉为“诗人之家”。

伯善晚年与家人合影（前排中为长孙唐文瀚）

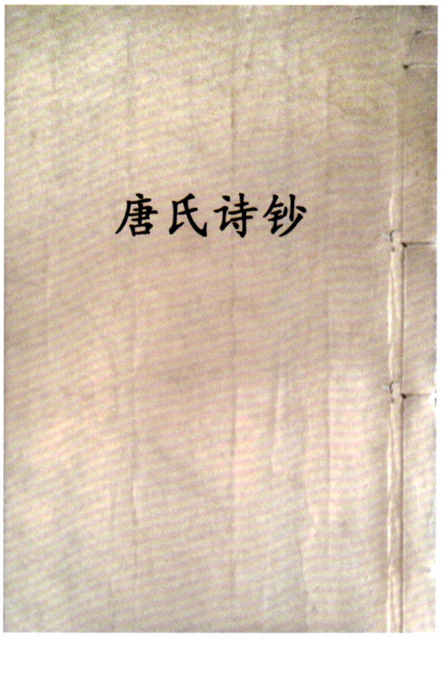

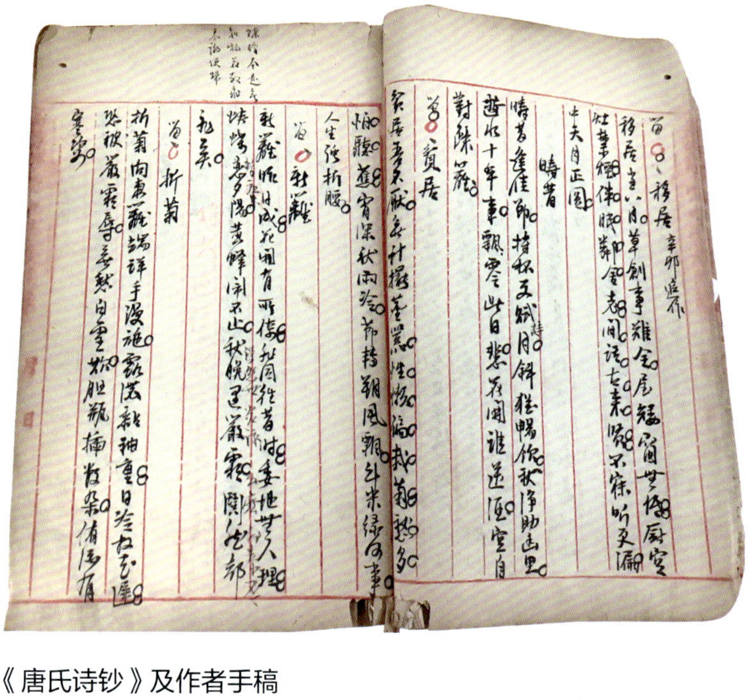

《唐氏诗钞》及作者手稿

唐文瀚，字凤池（1884—1966）伯善之长孙。曾就读于海岱书院，废除科举后考入省高等学堂。文瀚毕业时，德国人正修建胶济铁路，招考中国技术人员和大学生，他应考做了德国总工程师史洛斯的翻译。

執照

欽命頭品頂戴署理山東巡撫部院提督軍門楊　為
內閣學士兼禮部侍郎銜提督山東學政載
發給執照事案照光緒三十年十二月會考山東高等學堂肄業學生分別
正齋備齋給與畢業憑照並參仿　奏定中小學堂獎勵章程分別
奏請獎勵出身一案於三十一年二月初九日差弁齎回原片奉
硃批學務大臣禮部議奏欽此嗣經議准覆奏於三十一年六月十八日奉
旨依議欽此欽遵各在案該齋學生文　瀚現年二十一歲係山東省青州府駐防
州縣　童　生應備齋畢業考試得平均分數七十四分二取列　優　等奉
旨獎給　增生出身除咨請
學務大臣禮部註冊外相應照章填註執照發給本生存執須至執照者
曾祖布蘇海　祖伯春　父松壽
右照給文　瀚　收執
光緒叁拾壹年拾　月貳拾　日給

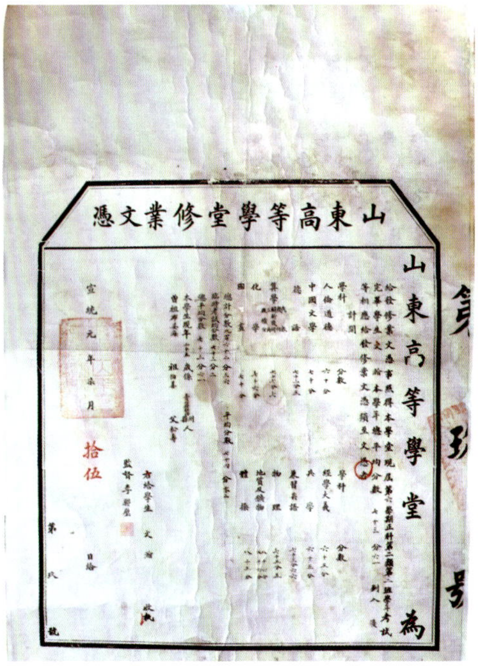

山東高等學堂修業文憑

山東高等學堂　為
宣統元年　月
拾伍

由于文瀚工作出色晋升为工程师，这年二十七岁。消息传遍旗城，镶黄旗佐领瑞卿上门提亲。双方送了门户帖，选定吉日写信叫儿子回家娶亲。文瀚向史洛斯请假，史因施工紧张不准；而瑞卿固执不肯改定下的日子。唐家无奈，让十一岁小儿文田顶替拜堂成亲。次年秋天，史洛斯路过青州到唐家访问，了解情况后深受感动。回去后让文瀚回家探亲，文瀚因自己负责的工程尚未峻工，又主动推迟了归期，直到工程告峻才回青州。这年他已三十岁，夫妻两人重新举行了拜堂仪式，成为旗城流传的一段佳话。

瑞卿，镶黄旗佐领，汉姓佟，唐文瀚岳父，晚年与家人合影（左一，怀抱者为其孙佟方舟）。

佟方舟，瑞卿之孙，成年后在青岛创办民族实业，取得成功。此为民国初年结婚照片。

寿椿，汉姓金，字子千、号亦庄，镶白旗人，1865年出生。祖上为叶赫部落，姓那拉氏，始祖名萨木哈图。

寿椿21岁中举，25岁中进士。时逢父云村病殁，在家守孝三年，期间在海岱书院讲学。1895年孝期满，至浙江杭州任理事同知，后调武康、嘉兴任知县。在任期间建议减免浙西六县税赋，民众感恩立碑纪念。

1907年调任奉天府审判厅厅长等职。其后人三代出了四个船长、三个引水员，被誉为“航海世家”。

寿椿晚年结庐杭州，研究理学，1940年病故于上海，葬于杭州凤凰山，享年75岁。

寿椿之妻唐太夫人

亦莊先生像贊

家學相傳鄒魯濱早年科
第懸嬰就近東魁訟長達
愛浙右臨民瓶踏仁湖畔
結廬娛暮景江干誦佛蓀
天真佳兒甘旨曾常奉涓
滴無餘盡濟貧

薩鎮冰敬題

萨镇冰，留学英国学习海军，清廷曾委任其为筹办海军事务大臣、海军提督。曾总理南北洋海军，后任吴淞商船学校校长的萨镇冰，以“亦庄先生像赞”为题，称颂寿椿生平。

金驾石，寿椿之长子，曾就读于海岱书院，后毕业于上海沪江大学。中国商船驾驶员总会和中国商船轮机员总会的创始人之一。

金驾石晚年留影

金驾石夫人唐培

金驾石与唐培婚后生育两子，长子金知人（左）、次子金知诚（摄于清朝末年）。

金知人（左）成年后毕业于上海吴淞商船学校，是第一个由上海英领事馆签字取得在外轮做船长资格的中国人；金知诚（右）成年后由普通船员升为船长和一级引水员，曾任天津港领航员，天津市五、六届人大代表（此为母子三人民国初年合影）。

金知人出生于1908年，青年时就读于海岱书院英文专修馆，1931年考入吴淞商船专科学校。先后在英国、挪威、俄罗斯和日本船长下任职，1946年春升任船长。

金知人历经洋人歧视、排挤和压制，激发了他的民族自尊心和爱国热情。1950年5月，响应祖国号召，避开国民党封锁和飞机轰炸的危险，冲破惊涛骇浪，驾船北归，为港沪通航立了头功。

1997年，金知人晚年在上海家中接受《青州旗城》作者李凤琪的采访。

金月石全家合影

金月石，寿椿之次子。十八岁考入上海吴淞商船学校，是我国最早的海轮船长。中华人民共和国成立前，历任中国商船驾驶员总会理事长、吴淞商船学校教练长、上海航务学院教务长等职。早期他崇拜孙中山，为响应北伐战争曾率上海海员起义。当时，中国的引水权完全被外国人垄断，为争取航海权他发表文章大声疾呼，在航运界有很高声望。“七七事变”后上海失陷，他出任民生轮船公司顾问，在重庆与一些进步人士从事抗日救国运动。

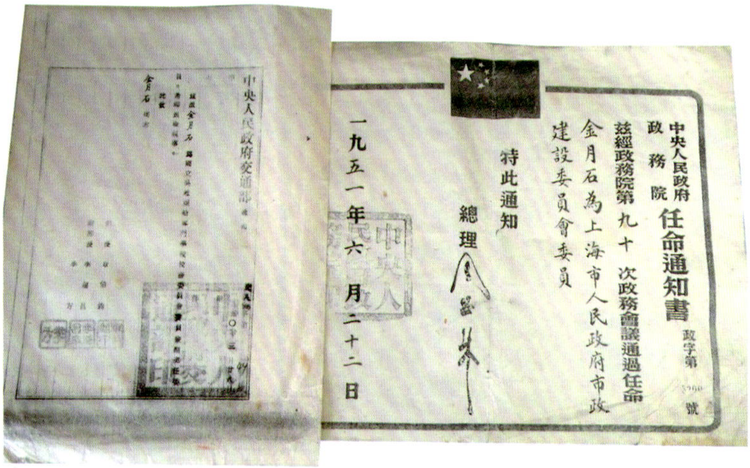

中央人民政府交通部

中央人民政府政務院任命通知書 政字第 3260 號

茲經政務院第九十次政務會議通過任命金月石為上海市人民政府市政建設委員會委員

特此通知

總理 周恩來

一九五一年六月二十二日

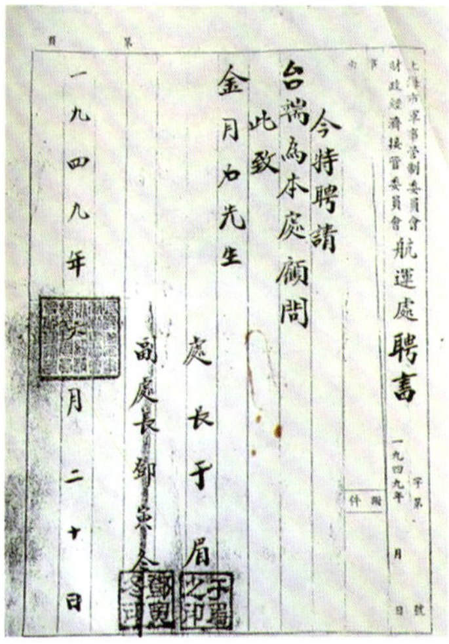

上海市軍事管制委員會財政經濟接管委員會航運處聘書

今特聘請

台端為本處顧問

此致

金月石先生

處長 于眉

副處長

一九四九年六月二十日

抗战胜利后金月石回到上海，被推选为民生公司和驾驶员总会理事长。他借职务之便，多次掩护中共地下党的活动。上海解放前夕，周恩来总理通过地下党邀请金月石去北平面谈。他化装成商人，和演员白杨、作家柯灵从香港经转道北京。周总理三次接见，听取他对中华人民共和国成立后航海事业发展的建议。6 月中旬他随潘汉年回上海，由周总理任命、中央交通部委派、军管会聘请，分别任上海市建设委员会委员、吴淞商船学校副主任和军管会顾问，上海市 1—5 届人大代表。

祁锡璿，字蕴璞，镶蓝旗人，其先祖伊琫额在镇江战役中因作战有功，由协领擢升成都将军，晚年退休回青州旗城。祁锡璿为其第四代孙，早年考入旗城海岱书院、山东省济南优级师范，毕业后在济南第一师范任史地教师。他博览群书，精通英语和日语，一生写下了一百余万字的专著和论文。主要专著有《中华地理志》《国际地理概况讲义》《中国的灌溉文化》等。因在地理学方面有所建树，被英国皇家地理学会授予“名誉会员”称号。

祁蕴璞全家合影（后排右二为祁蕴璞，左一为祁天民）

祁延霈，字沛民，祁锡甫之长子。1928 年毕业于济南省立一中，后考入北京清华大学地理系专业，从事考古历史研究工作。曾参加过我国著名的殷墟考古发掘和四川、甘肃一带考古调查，著有《山东益都苏埠屯出土铜器调查记》《帕米尔史地考》等。1937 年奔赴延安，1938 年 3 月，受党中央派遣到新疆做统战工作，改名祁天民。1939 年 1 月调哈密专区任教育局局长。1939 年 12 月 22 日，在哈密因公殉职。党中央在延安曾召开追悼大会，追认为新疆九烈士之一。

殷墟考古十兄弟（右起第四为祁天民）

离开延安去新疆前的合影（前排右二为祁天民）

祁延煦，伊琫额将军第五代嫡孙，祁蕴璞之次子，祁天民胞弟，中央大学航空系毕业，著名的两航起义十二位发起和组织者之一。

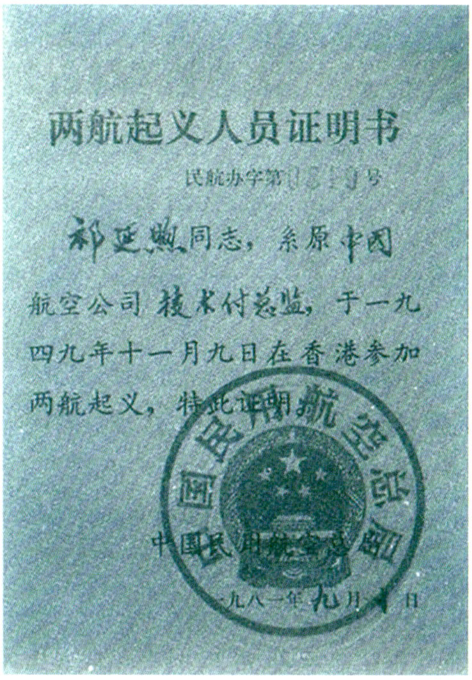

两航起义人员证明书

民航办学第[illegible]号

祁延煦同志，系原中国航空公司技术付总监，于一九四九年十一月九日在香港参加两航起义，特此证明。

中国民用航空总局

一九八一年九月 日

祁延煦和夫人陈冰如合影

“两航”是指由国民党政府交通部和美国泛美航空公司合资经营的“中航”和“央航”。1949 年 11 月 9 日，“两航”12 架飞机陆续从香港起飞降落北京西郊机场，投入祖国怀抱。空军司令刘亚楼、外交部副部长李克农、周总理的代表罗青长等到机场迎接。周总理在会见并宴请两航起义北飞全体人员时说：“我们欢迎两公司的起义，因为这是具有无限前途的中国人民航空事业的起点。”

“两航”起义飞机之一，现陈列于航空博物馆。

祁鲁梁，生于 1937 年 9 月，伊琫额将军第六代嫡孙，祁天民烈士之子，高级工程师。任全国水资源综合规划技术专家组成员。著有祁氏家书《旗展复兴路》。2012 年秋，回青州老家采访，旗城热心满族文史的唐玉民老师将多年珍藏的伊琫额《成都将军》木匾，赠送给祁鲁梁。

石愚山（1895—1976），原名石志昆，庆元之子。最初就读于青州海岱书院，1915 年考入济南省立高等师范学堂史地科。

1919 年“五四运动”时期，石愚山被选为山东省学生联合会评议部长兼任学联代主席，济南各界罢市总指挥。曾代表山东各界赴京请愿，晋见总统曹锟，组织学生大闹新华门，迫使北洋政府拒签卖国条约。抗日期间，在青岛、济南、青州等地参加地下抗日救亡工作。期间被捕入狱，经多方营救出狱。1952 年调山东师范学院地理系任教研室主任。

燕临，原名石经文，石愚山之女，1928 年 2 月生。1945 年秋日寇投降，国共双方反复争夺青州期间，燕临秘密参加八路军。初在三野文工三团、特纵文工团从事文艺工作，后任新华社记者，随军转战南北，历经艰辛。1953 年 9 月转业到中国人民大学俄语系学习，1957 年 11 月到南京《新华日报》任编辑兼俄语翻译。1958 年 8 月调北京，先后在北京团市委、青年报社工作。1979 年调到山东文艺出版社任副编审。

1952 年秋，燕临第一次回家探亲与弟石景成留影。

1986 年燕临与爱人林平合影

1987 年，燕临和林平回青州，摄于老屋门前。

林平，原济南军区政治部副主任。1951 年在南京军区报社工作时与燕临相识相爱，结为连理，两人相依相伴 43 年。1994 年 10 月燕临病逝后，林平历时 7 年编辑出版了燕临文存——《呢喃集》，并为此赋诗一首。

《呢喃集》喜成告燕

长别阿霞十四年，
欲完文稿久情牵。
今朝喜得酬心愿，
燕语呢喃慰九泉。

注：“阿霞”系林平对燕临的爱称。

石景成，出生于 1937 年 5 月，石愚山之子。毕业于山东工艺师范学院，从事摄影、美术、文物鉴定、宝石加工的教学研究，有多项发明成果收入《中国当代发明》。晚年热心于民族文史研究，著有《斡勒氏家谱》。

石景成设计的宝石镶嵌作品及撰写的斡勒氏家谱

胡刚（1916年生）、胡旭（1918年生）、胡可（1921年生）兄弟三人，祖隶正蓝旗。他们的父亲胡玉振，清末被派往日本士官学校学习，归国后由教练递升为旅长，1929年病逝。三兄弟少年时就读于青州一中，后转至济南。学生时代，三人受“五四”文艺思潮影响，“一二·九”运动爆发后便一起汇集到这股洪流之中。

胡刚（前排右一）、胡可（后排左一）、胡旭（后排右一），这是学生时期三兄弟唯一的留影。

“七七事变”后，兄弟三人奋起抗日，共赴国难。胡刚从家乡奔赴延安在“抗大”从军。当时，日寇对根据地实行“拉网式大扫荡”，“抗大”五渡黄河转战于晋、冀、鲁、豫，解放战争时胡刚又随军奔赴东北。胡旭与胡可则从北平投奔到聂荣臻领导的抗日军队，转战于晋、察、冀地区。从八年抗日战争到三年解放战争，胡刚和胡可只相遇一次，同胡旭从未见过一面。1949年4月，当胡刚得知两个弟弟在北平参加全国第一次文代会，他从东北赶到北平与分别十二年的弟弟首次会面留影。

胡旭（左）胡刚（中）胡可（右）

青年时期的胡刚，风华正茂，投笔从戎。

在延安“抗大”时与战友合影（前排左一）

胡刚（前排中间）在东北军大任教导员时与学员合影留念

中华人民共和国成立后，胡刚在全国总工会从事国际联络工作，以上照片系与外宾合影。

胡刚晚年研究诗词写作和书法，出版了诗词选《丹枫集》、《胡刚书法集》。

胡旭抗战初期在北平西山参加游击队，后编入晋察冀军区从事文艺工作，担任战线剧社社长，带领剧社在晋、察、冀各地慰问演出。1945 年 8 月，部队进驻解放后的张家口，军区政治部任命他为人民剧院院长，并负责戏剧和电影的演出工作。

1943 年，胡旭（右）与八路军 120 师师长陕甘宁晋绥联防军司令员贺龙（左）合影

陈晨，1926年10月生，山东青州人。1945年参加革命，在晋察冀军区抗敌剧社任演员，与胡旭相识相爱，结为夫妻。1948年调晋察冀新华广播电台工作。中华人民共和国成立后在中央人民广播电台任播送组组长、对台播音员，1962年随胡旭调陕西广播电视厅工作。

1976年6月兄弟三人在北京合影（自左至右：胡可、胡旭、胡刚）

1982 年胡旭在陕西省广播电视厅任副厅长期间，担任我国第一部大型历史连续剧《天宝轶事》的总导演。由于工作繁忙，兄弟间书信往来稀少，引起兄长胡刚的想念，曾寄胡旭诗一首：

燕秦远隔雁来稀，莲菊枯荣两不知。
情重少年风雨日，音疏老大太平时。
江河堪慰流同向，儿女莫教栖异枝。
长夜孤灯思手足，脊令促我觅新诗。

注：脊令为鸟名，《诗 · 小雅 · 棠棣》：“脊令在原，兄弟急难”诗中以“脊令”比喻兄弟眷恋之情。

胡旭与陈晨晚年，自称他俩是：“永远的老乡亲、老同志、老八路、老两口”。

胡可参军后，被分配到军区政治部抗敌剧社从事文艺工作，先后创作了话剧《清明节》《戎冠秀》《战斗里成长》《槐树庄》等。中华人民共和国成立后，曾任总政治部文化部副部长，解放军艺术学院院长，中国戏剧家协会副主席，中国少数民族戏剧学会主席。

胡可夫人胡朋（右一）在《戎冠秀》中扮演主角，这是胡朋在采访戎冠秀（左二）。

这是胡可编剧的电影《槐树庄》。剧照中扮演郭大娘（右二）的是胡可的夫人胡朋。她在《南征北战》等多部电影中扮演的农村妇女形象，受到电影界和观众的广泛好评。

1963 年，胡可在全军颁奖会上的合影（左起：廖汉生中将、胡可大校、王平少校、杨成武将军、陈其通少将）。

胡刚赠三弟诗写道：

戎马生涯岁月长，
一枪一笔度沧桑。
豪情孕自硝烟处，
战斗凝为翰墨香。
戏剧激昂增士气，
文章犀利启心窗。
古稀且当青春过，
欲效梅花正吐芳。

胡可在写作

1991 年，老哥仨夫妇团聚北京。左起：申维毅（胡刚夫人）、胡朋（胡可夫人）、陈晨（胡旭夫人）、胡旭、胡可、胡刚。

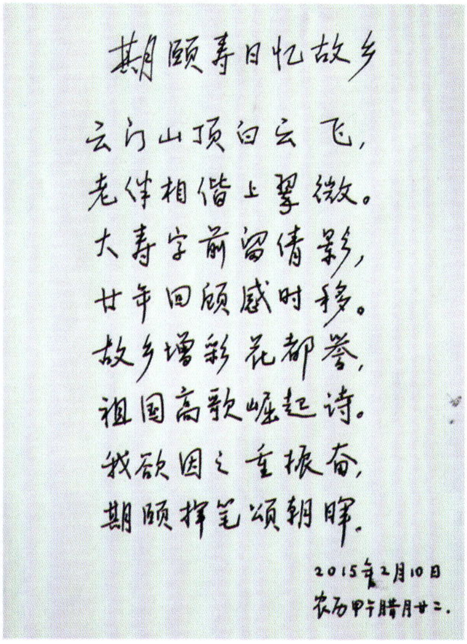

期颐寿日忆故乡

云门山顶白云飞，
老伴相偕上翠微。
大寿字前留倩影，
廿年回顾感时移。
故乡增彩花都誉，
祖国高歌崛起诗。
我欲因之重振奋，
期颐挥笔颂朝晖。

2015年2月10日
农历甲午腊月廿二。

1995 年 6 月，胡刚年已八十高龄，因患肝癌做了切除大手术。病中他以革命先烈为榜样赋诗多首，激励自己战胜了病魔。2015 年 8 月，抗日战争胜利 70 周年，他迎来了百岁寿辰。期颐之年怀念故乡，他亲笔赋诗赞誉青州。

赵璧，原名陈贵贞，1927 年生，镶黄旗人，小儿科专家，中国九三学社成员，早年信仰基督教。1942 年考入美国教会在滕县办的华北医院，当时该地区地下工作的共产党员李林嘉被捕，关押在日本宪兵队性命难保。她的老师杨省三（秘密党员）因赵璧长期给宪兵队长小野的太太（中国人）看病，请她设法搭救。赵璧把自己仅有的一枚戒指送给小野太太，暂时保住李的性命。后来，赵璧与医生艾罗（犹太人，赵的教友）共同制造出李患有传染病的假象，用偷梁换柱的办法将李救出。后来，赵璧还利用行医身份，救了另一位地下工作者董一波。1946 年 2 月，解放军攻克滕县后，董动员赵璧参加了人民解放军。

吴介夫，镶白旗人，1916 年生。介夫一生坎坷，刚直不阿，是个桀骜不驯的思想斗士。1948 年夏，人民解放军节节胜利，济南成为一座孤城，城内物价暴涨，民怒沸腾，贪官污吏，横征暴敛，人民处于水深火热之中。此时吴介夫任南京《大刚报》驻山东办事处负责人，他以大无畏的精神抨击时弊，公开印发传单，质询山东主席、第二绥靖区司令王耀武，并同其展开面对面的斗争。后因特务跟踪，为避免迫害逃往解放区。

吴介夫（中）接受《青州旗城》作者采访。

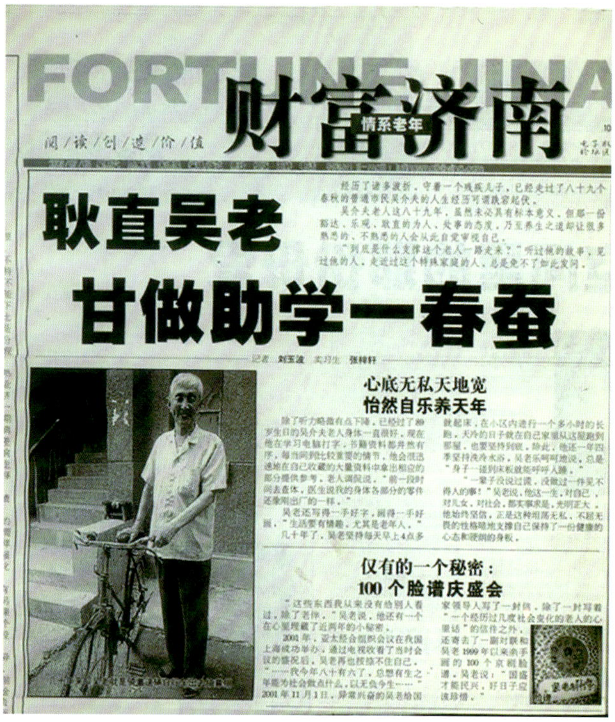

FORTUNE JINAN

财富济南

情系老年

阅/读/创/造/价/值

经历了诸多波折，守着一个残疾儿子，已经走过了八十九个春秋的普通市民吴介夫的人生经历可谓跌宕起伏。

吴介夫老人这八十九年，虽然未必具有标本意义，但那一份豁达、乐观、耿直的为人、处事的态度，乃至养生之道却让很多熟悉的、不熟悉的人会从此自觉审视自己。

"到底是什么支撑这个老人一路走来？"听过他的故事、见过他的人，走进过这个特殊家庭的人，总是免不了如此发问。

耿直吴老 甘做助学一春蚕

记者 刘玉波 实习生 张梓轩

心底无私天地宽 怡然自乐养天年

除了听力略微有点下降，已经过了89岁生日的吴介夫老人身体一直很好。现在他在学习电脑打字，书籍资料都井然有序，每当阅到比较重要的情节，他会很迅速地在自己收藏的大量资料中拿出相应的部分提供参考。老人调侃说，"前一段时间去查体，医生说我的身体各部分的零件还像刚出厂的一样。"

吴老还写得一手好字，画得一手好画。"生活要有情趣，尤其是老年人。"几十年了，吴老坚持每天早上4点多就起床，在小区内进行一个多小时的长跑。天冷的日子就在自己家里从这屋跑到那屋，也要坚持到底。除此，他还一年四季坚持洗冷水浴。吴老乐呵呵地说，总是"身子一挨到床板就能呼呼入睡。"

"一辈子没说过谎，没做过一件见不得人的事！"吴老说，他这一生，对自己，对儿女，对社会，都实事求是，光明正大。他始终坚信，正是这种坦荡无私、不怒无畏的性格暗地支撑自己保持了一份健康的心态和硬朗的身板。

仅有的一个秘密：100 个脸谱庆盛会

"这些东西我从来没有给别人看过，除了老伴。"吴老说，他还有一个在心里埋藏了近两年的小秘密。

2001 年，亚太经合组织会议在我国上海成功举办，通过电视收看了当时会议的盛况后，吴老再也按捺不住自己。"……我今年八十有六了，总想有生之年能为社会做点什么，以无负今生……"2001 年 11 月 1 日，异常兴奋的吴老给国家领导人写了一封信，除了一封写着"一个经历过几度社会变化的老人的心里话"的信件之外，还寄去了一副对联和吴老 1999 年以来亲手画的 100 个京剧脸谱。吴老说："国盛才能民兴，好日子应该珍惜。"

中华人民共和国成立后，吴介夫在济南工作，1957 年被错划"右派"曾五次上书毛主席，1979 年彻底平反。他热心公益事业，为移风易俗，改革殡葬，保护土地，发起"百位老人签名倡议殡葬改革"，受到多家报纸的赞扬，并获得"净言优秀奖"。

舒庆，1964 年生，祖隶青州满族正白旗。其先祖舒伯臣早年考入山东省政法学堂，在青州创办了第一个律师事务所。他爱祖国，重气节，“七七事变”后，日本人慕其名多次邀他出面做事遭到拒绝，因而将其抓入宪兵队，严刑拷打后含恨而死。他的长子延淳，毕业于北京大学经济系，为教育救国放弃专业从事教育，成为青州师范的模范教师、市人大代表。舒庆系伯臣的第四代孙，1981 年考入山东师大，获区域地理学博士学位，1994 年进入国家环保局工作，先后担任处长、司长，后调任河南郑州市委常委、新乡市委书记，现任十九届中央候补委员、河南省副省长、省公安厅党委书记、厅长。

2016 年 7 月，舒庆视察新乡暴雨受灾情况。

2013 年 9 月，关玛莉被母校淄博一中授予“淄博一中功勋校友”荣誉称号。

关玛莉，1946 年 2 月生，祖隶青州满族镶红旗。中央党校研究生学历，中国民主建国会省委常委、民建淄博市委主委。历任淄博市张店区副区长、人大常委会副主任，淄博市副市长、人大常委会副主任，省政协常委。现任淄博市“关心下一代”工作委员会副主任，淄博市律师协会会长。曾受到江泽民、李鹏等国家领导人的接见。

2016 年 5 月，淄博市关工委副主任关玛莉（左三）到华侨城小学教育集团视察工作。

2016 年 10 月，淄博市律师协会会长关玛莉在淄博市“青年律师服务团”成立大会上讲话。

唐璞，字仲玉，1908 年生，正白旗人，出身于青州满族书香门第。父唐承恩（字绍武），书画家，曾在旗城海岱书院任教兼都统府文职官员。唐璞自幼受父辈熏陶，初就读于旗城海岱书院英文专修馆和青州一中，1934 年毕业于国立中央大学建筑系。抗战期间他随所在兵工厂迁往四川泸州。中华人民共和国成立后任中央建工部西南设计院总建筑师及副总工程师、重庆建筑大学建筑系教授兼系主任、重庆市建筑设计研究所所长兼总工程师、中国建筑学会理事及四川省建筑学会副理事长。1957 年曾访问苏联、罗马尼亚等国，1987 年出席了在英国召开的国际建筑师第 16 次代表大会。他曾三次参与国家重大建设项目的决策会审。自 1958 年起，他历任重庆市政协委员，第三届全国人大代表等职，是我国成就卓著的建筑学家之一。

CERTIFICATE

證　書

MR. TANG PU
唐　璞先生

This certificate is issued hereby to certify that you are awarded the Honorary Doctor's Degree of United Imperial Academic of scientific U.K. for your international influence and your achievements.

鑒于您在國際上的影響及所取得的成就，兹授予您爲英國皇家聯盟科學院榮譽博士學位。

特頒此證

UNITED IMPERIAL ACADEMIC OF SCIENTIFIC U.K.

2000.12

英国皇家联盟科学院授予唐璞荣誉博士学位。

唐璞在建筑领域实践广泛，经验丰富，才思敏捷，勇于创新。他设计作品一百余项，不仅运用了美学、数学、物理学、心理学，而且运用了系统工程学和哲学。如山地住宅、蜂窝建筑、古巴吉隆滩纪念杯、以色列民居、重庆南岸医院、华北油田通讯中心以及别墅设计方案等，均别出心裁，独具匠心。

1987 年，唐璞（右二）参加在布莱顿召开的国际学术交流会合影。

唐璞建筑设计作品选粹

古巴吉隆滩胜利纪念碑

以色列民居建筑

华北油田通讯中心

重庆南岸医院

重庆电子贸易中心

太原市综合办公大楼

别墅设计图

唐璞晚年寄情桑梓，眷恋故乡，1992 年秋，回青州参加一中九十周年校庆，后因设计满族民俗馆再次回乡考察。他不仅设计出具有满族特色令人耳目一新的方案；而且将自己祖辈保留的 15 件名人字画和他设计的近百件精美作品和荣誉证书，无偿捐给了待建的满族民俗馆（现暂存于青州档案馆）；他还为青州画了一套“旗城古建筑复原图”。

1992 年 10 月，唐璞（左）与当年同学刘书琴（中，西北工业大学教授，数学系主任），青州一中副校长曲端章（右）在青州合影。

唐璞与吴介夫在青州相聚。

1930 年，唐璞早年与妻子舒秉贞在济南留影。

1995 年，唐璞晚年在青州与内嫂何秀春合影。

黄裳，原名容鼎昌，生于 1919 年。其父容远溪，青州满族镶蓝旗人，留学德国，矿业专家。黄裳最初就读于天津南开中学，后在上海交大毕业。长期从事新闻工作，1945 年，任《文汇报》编委、驻南京特派记者；中华人民共和国成立后，当选为中国作家协会理事，上海文联委员，是当代著名作家、翻译家、评论家，他与文坛名家多有交往，出版有《黄裳散文》《音尘集》《锦帆集》《旧戏新谈》等专著多部。1984 年秋，曾回青州旗城采访。

1935 年，黄裳在天津南开中学。

1996 年黄裳在上海。

1981 年黄裳（右一）与黄永玉（左二）、王丹凤（左一）等友人在杭州。

2001 年黄裳与巴金在上海。

1984 年秋，黄裳回故乡青州访问。在北城与石川家人合影。

佟至善，1908 年生，镶蓝旗人，曾就读于旗城海岱书院英文专修馆。因其少年聪慧，勤奋好学，受到英语教师宋传典的赏识，推荐至青州基督教会主办的学校学习，后在华北神学院毕业，终生以传教为职业。中华人民共和国成立后，任基督教“三自”爱国委员会山东省常委、济南市副会长。

1994 年，佟至善（中）与《青州旗城》作者合影。

佟至善 16 岁曾在青州基督教会主办的学校学习。

李凤琪，1930 年生，祖隶镶黄旗。解放战争期间从事部队文艺工作，曾参加渡江战役、上海战役和解放舟山群岛，1970 年转业从事地方文化工作，任研究馆员。出版评书故事集、说唱文学集、长篇小说和新单口相声集等。作品多篇获奖并收入《中国新文艺大系》《中国军事文学大系》。获省“文化艺术先进工作者”称号，出席全国第三届曲艺家代表大会，当选为中国曲协理事。

离休后，经十年考察主编长篇史话《青州旗城》，山东省人民政府以其“建国以来在文艺工作中做出突出贡献”特通令嘉奖。传记收入《中国当代艺术界名人录》和《中国少数民族专家学者辞典》。

1988 年秋，省、市联合在青州举办了李凤琪作品演唱会。开幕仪式由市长王治华主持，省广播电视厅、省文联、省曲协及文化部门领导、记者和全体演员出席了开幕式。

著名表演艺术家刘兰芳、赵炎、孙振业、刘延广、唐爱国等参加演出，节目在当年国庆节期间向全国播出。

演唱会期间，刘兰芳及全体演员到北城参观慰问。刘兰芳被聘请为青州满族中学名誉校长。

金平安，1934 年生，祖籍青州满族正蓝旗，青岛市政协委员，文史委员会副会长。1929 年冬，北城旗兵团解体，旗民走投无路，时任青岛四方机车车辆厂厂长唐良恩（青州满族，美国留学获博士学位）派专列火车接走数千旗民，安排在纺织、卷烟、机械等工厂做工。金平安的先辈和其他移居青岛的青州满族，历尽坎坷，不畏艰难，由一无所有的无产者变成产业大军的有生力量，涌现出许多杰出人物，如唐良恩、徐汇平、那胜全、马元敬、何森、关平、金平安、马无可、关石青、关家骥、赫慧勇等，他们在不同时期、不同行业创造出优异成绩和感人事迹。

1995 年 4 月，《青州旗城》作者向金平安（中）进行专题采访。

那胜全，1910 年生，祖隶镶白旗。13 岁考入英文专修馆，21 岁时青岛市府招考外事人员，以英语优异被录取，专管外侨事务。“七七事变”日军封锁青岛海面，国民党军政人员仓皇撤走，那胜全奉命留守。当时市内一片混乱，国际商团和市民安全受到严重威胁。他同铁路当局交涉，调两个警察大队进市区维持治安，在大动乱中起到关键作用。

日军占领青岛后他不为日本人做事，改行同外国朋友共同经商，经营进出口业务，财运亨通，一帆风顺。日本投降后，他去台湾经营房地产获得成功。由于他在商界的影响，曾作为民间代表赴美参加盛典，晚年在美国定居。

那胜全在美国圣荷西。

1995 年 10 月，那胜全回青州探亲，与侄孙那亮合影。

1999年6月8日 （己卯年四月廿五） 星期二

香港

文匯報

B7 文教與校園

為華裔女性添風采

張信剛之妹張蘊禮昨小訪城大

美國少有的大學女校長

第三位華裔大學女性校長

那胜全继室关丽一儿一女均为满族，在美国各自取得博士学位，其子信刚被聘为香港城市大学校长，其女蕴礼任美国檀香山大学校长。华裔满族一家能出两个大学校长，轰动了美国和香港，《文汇报》进行了专题报道。

那胜全（左二）与女儿那英梅（左一）、内弟佟志远（左三）、侄子那英奎（左四）合影。

那胜全（第二排左二）与那英奎、赵连聚全家合影。

马元敬，1904 年生，祖籍镶蓝旗，十八岁去青岛谋生，考入消防队，中华人民共和国成立前任青岛市消防队队长。此前，马元敬已同中共地下党建立了联系，1945 年 5 月解放军逼近青岛，国民党军政人员纷纷逃台，市内一片混乱。在地下党协助下，马元敬率众起义，保护工厂、码头、海港设施，维护了社会治安。中华人民共和国成立后消防队人员全部留用，其事迹载入《中共青岛党史大事记》。

中华人民共和国成立前的马元敬

中华人民共和国成立后的马元敬

浙江路 22 号义勇消防队驻地

中华人民共和国成立前青岛消防队称“义勇消防队”，此为当时阵容。

民俗风采与书画艺术

MINSUFENGCAIYUSHUHUAYISHU

满族说唱八角鼓

满族的传统说唱艺术“八角鼓”，又名“八旗鼓”，它因伴奏乐器有八个角而得名。表演形式分独唱、折唱、群唱，有多种牌子曲。短段如《摘葡萄》《醉归》，中长篇大书如《秦琼救驾》《狸猫换太子》等。早年，旗城兵民平日自娱自乐，凡出师凯旋、新官上任、喜庆节日，便举行演唱活动。清末，进士景格（汉姓张）曾任皇家文部教习，其子张文敏酷爱八角鼓，辛亥革命后回到北城，进一步组织推动了“八角鼓”演唱活动，这项活动一直延续至今。

八角象征八旗，角与角之间嵌 2 片小钹，象征 16 佐。

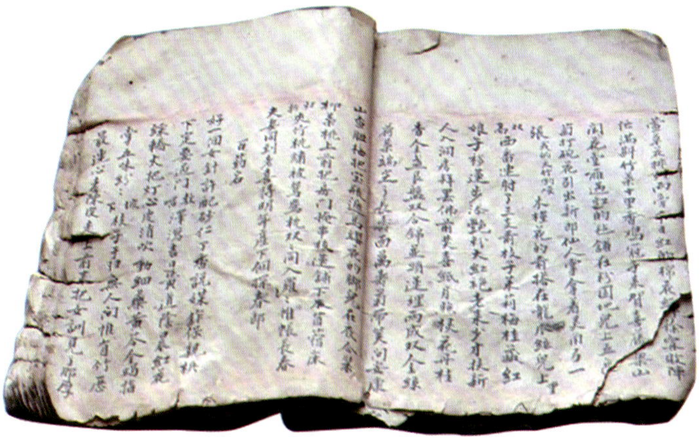

张文敏之子张伟公保存的八角鼓老唱本

82 岁的老人徐淑颖演唱八角鼓。

88 岁老人何振江演唱《单刀赴会》。

旗城的业余爱好者自娱自乐。

文艺骨干排练八角鼓节目与专场演出。

八角鼓被评为“山东省非物质文化遗产”。

八角鼓在古城大街演出，受到中外游客的青睐。

满族的京剧艺术

清代早期，为保持军队的尚武精神，政府规定八旗官兵不准登台演戏。嘉庆中期“四大徽班”进京，京剧传入皇宫内廷，剧坛盛极一时，八旗子弟纷纷“下海”演戏，并出现了陈德霖、言菊朋、金少山、杨小楼、谭鑫培、余叔岩等一代名伶。

演出京剧《四郎探母》。

演出京剧《穆桂英挂帅》。

演出京剧《赤桑镇》。

京剧名家陈德霖早年留影

其中，陈德霖的祖父曾任青州驻防副都统。陈德霖幼年入科班，29 岁被选为皇宫内廷供奉，奉旨专管文旦戏角，赏加双份钱粮。梅兰芳、尚小云等均受其指教，被称为京剧界“老夫子”。

《借东风》

《苏三起解》

青州八旗与北京往来频繁，京剧很快传进北城，波及整个青州。北城满族不论男女老幼，张嘴都能唱上一段。其中，最优秀者如琴师郭仲霖（在中央戏曲学院任教），演员赵书敏、赵艳琴（女）、佟文英、马继福、赵海亭等。赵家父女最初组织满族票友组建戏班，在胶济线一带颇有影响，作品《苏三起解》《借东风》《四郎探母》远近闻名。

佟文英（二排左三）满族正白旗人，荆州将军穆克精阿之七代孙。谙京剧、善书法，他在《铡美案》中饰王延龄。

1945年8月，青州第一次解放，由赵书敏联合青州各界京剧票友，在南城察院巷开创了“南城戏院子”。青州第二次解放，成立了业余评剧研究社，排演《逼上梁山》到闵家庄慰问华东局机关、部队。

中华人民共和国成立后，北城满族京剧业余爱好者经常组织演出活动。

节日期间，北城社区和老年艺术团联合组织演出。

文艺演唱队向社区群众宣传党的政策。

满族泥塑

满族的泥塑源远流长，青州旗城早年的匠役中曾出现过几代能手，如正红旗赵家善塑神像彩绘；正蓝旗曹家兄弟两人，专塑《三国演义》人物和戏剧人物。清末民初生活困难，他们以卖泥人泥模为业，生意兴隆，顾客盈门。20 世纪 40 年代后，席天民（字梦楼，祖隶镶黄旗）继承传统，锐意创新，用泥塑反映现代生活和中外名人。他的作品神态逼真、琳琅满目，既有泥塑也有绘画。云门山的天仙玉女祠神像、驼山岭下的巨型卧牛塑像，都出自席天民之手，在省市雕塑作品展览中多次获奖。

席天民的京剧脸谱

席天民泥塑人物系列

济公

钟馗

屈原

蒲松龄

满族姑娘

军民鱼水情

女八路

邻家女孩

唐赛儿

谭嗣同

秋瑾

张海迪

梦

金色发髻

笑

丰收的喜悦

席天民将祖上留下的两间老官房作为创作室，取名“绿梦书屋”（又名“瓜豆斋”），室内摆满了琳琅满目的泥塑、绘画和名家书籍。

席天民的“瓜豆斋”

席天民的部分泥塑作品

2003 年夏，席天民收泥塑爱好者王雪梅为入门弟子。

王雪梅聪慧勤奋，学习认真，席天民热心传授。2008 年端午节，徒弟协助师傅，在北城花园举办了纪念爱国诗人屈原的泥塑作品展。

席天民（中）与徒弟王雪梅（右）、记者洪波合影（左）。

2009 年 8 月，王雪梅考入中央美术学院雕塑专修班。

84 岁高龄的席天民，亲自到火车站为弟子送行。

王雪梅在中央美术学院进修期间的作品

2010 年 10 月，王雪梅陪同中央美术学院雕塑专家张得蒂、张润凯教授，在青州非物质文化遗产博物馆参观席天民和王雪梅师徒两人作品并留影。

满族剪纸

剪纸是满族民间艺术之一，从日常生活涉及宗教、信仰、民俗、文化，题材广泛、多姿多彩。挂钱是最古老的剪纸，“白山黑水，源远流长”和满文“佛勒哥楚克”，代表它的悠久历史和文化。满族妇女用剪纸艺术表现自己的生活、情感和期盼。随着社会的进步，剪纸艺术在逐渐演变，但至今仍保留着古老的痕迹。

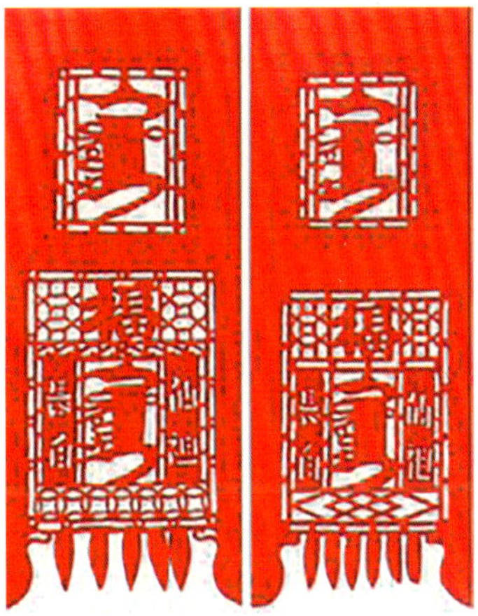

挂钱

满文“福”字

刘海戏金蟾

福、禄、寿三星

民俗人物

戏剧人物

花卉剪纸

这组婚俗剪纸虽已没有了最早的“射三箭、迈火盆”，但“坐福”仍然是过去“坐帐”（新娘坐在帐中，新郎围着帐篷转三圈）的古老遗风。

布新房

迎亲

拜天地

入洞房

坐福

满族歌舞

满族是能歌善舞的民族，满族歌舞有悠久的历史传统，按种类可分为祭祀歌舞和喜庆歌舞，按规模性质可分为宫廷歌舞与民间歌舞。

满族的腰铃舞属于祭祀舞。

满族的宫廷舞属于喜庆舞。

青州满族学校课外开展舞蹈活动。

节日期间，舞蹈队街头表演。

演出宫廷舞。

庆祝节日舞蹈表演。

村干部和高跷队合影。

1989 年 9 月，参加青州市少数民族文艺演出后合影。

满族珍珠球

珍珠球从满族先人采珍珠的劳动演变而来，满语“尼楚赫”即采珍珠的意思（因满族先人曾以狩猎、捕鱼、采珍珠等为生）。珍珠球游戏规则为：划一长方形的区域作水域，比赛双方各七人，一人持鱼兜网，守护方形区域；两人手持球拍比作蚌壳；四人手持皮球（即珍珠），互相投掷，进球多者为胜。

珍珠球、球拍、球网

北城满族学校编印的教材

室内进行专业训练

满族学校学生在操场上进行珍珠球训练。

珍珠球比赛

2014 年 9 月，青州市代表队参加山东省第九届少数民族传统体育运动会珍珠球比赛，获得第二名。

1992 年，山东省少数民族珍珠球比赛在青州举行，来自济南、青岛、潍坊、济宁、临沂 5 个城市的代表队参加比赛，以北城村队员为主的潍坊代表队获得冠军。1989 年和 1995 年，青州满族代表队参加了在南宁、丹东举行的全国少数民族运动会珍珠球比赛，均取得了优异成绩。

青州代表队进入会场

丹东比赛大会闭幕式

满族儿歌

满族儿童演唱儿歌。

青州满族儿歌，能使人想起逝去的悠悠岁月，感受到火热的生活。老人们唱，儿孙们听，有问有答，形式多样，既传播知识，又训练语言，让孩子们受到德育、智育、美育和历史知识的熏陶。满族儿歌已被列为非物质文化遗产。例如：

金哥哥，阿骨打

金哥哥，阿骨打
儿匹骡子儿匹马
骑红马，挎腰刀
腰刀快，切荠菜
荠菜老，穿红袄
红袄红，系白绫
白绫白，大队人马发过来……

鸭蛋鸭蛋车车

鸭蛋鸭蛋车车／车里坐着哥哥／哥哥出来买菜／车里坐着奶奶／奶奶出来烧香／车里坐着姑娘／姑娘出来点灯／烧着鼻子眼睛。

老人向孩子传授满族儿歌。

跑马城

雉鸡翎，跑马城／马城开，发兵来／秫秸垛上插大刀／你的兵马随我挑／挑哪个？挑你家的大老婆／大老婆，不在家／挑你家的亲哥仨／亲哥仨，做买卖／挑你家的老奶奶／老奶奶，去看鸡／看谁的兵马数第一／哇呀呀……

满族儿童表演《跑马城》。

蝴蝶

蝴蝶、蝴蝶、落落，
给你个板凳坐坐；
蝴蝶、蝴蝶、起起，
给你个板凳椅椅，
蝴蝶、蝴蝶、落落，
给你一个饽饽；
蝴蝶、蝴蝶、回来，
给你一棵白菜！

满族儿歌对唱。

满族的儿歌和童谣像蝴蝶一样起起落落，是一幅幅优美的画，一首首动人的歌，生生不息，哺育着一代又一代满族孩子们。

满族的书画艺术

青州八旗兵早期重骑射，尚武功，至乾隆、嘉庆两朝因处于和平环境，朝廷以文取仕，重文轻武之风滋长，加快了汉文化吸收。仅从副都统庆霖的《古槐歌》、常清的手书来看，诗词和书法已有很高水平。道光朝以后，诗、书、画人才辈出，其中，敦德曾参加镇江抗英，绘有气势磅礴的《焦山图》，曾经在旗城流传，可惜在“文革”中遗失，下落不明。

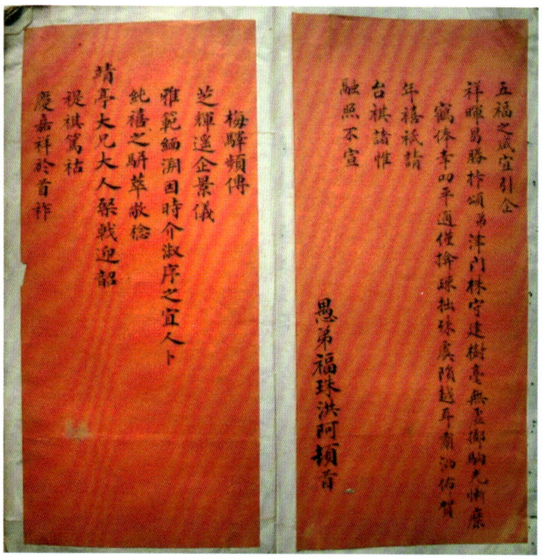

常清，道光二十五年任青州八旗驻防副都统，此件系常清与福珠洪阿（正黄旗人，官至江南提督）两人交往的手书。

海岱书院首任山长（院长）法小山画作（小山系汉族，府城旌贤书院院长、教授）。

寅谷，名毓升（汉姓何），镶蓝旗人，官至青州驻防城协领，书画家。善画山水、人物；青州多处碑文石刻有他的遗作。因其书斋藏有一方红丝石巨砚，大盈数尺，故自号“小砚山房”。青州满族书画家的活动以他为中心，经常在一起吟诗作画，互相交流切磋；他们同汉族名家也有书画交往。

寅谷手稿之一

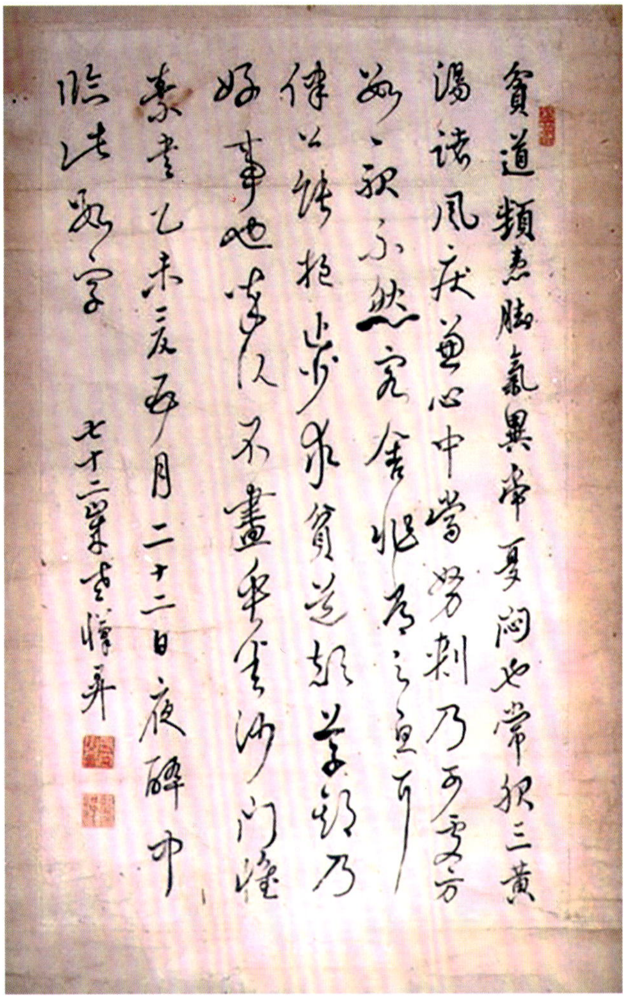

寅谷手稿之二

子鹤，汉姓唐，字喜龄，正白旗人，满族书画家。

奎绶，满族画家，有山水、花卉作品（扇面）传世。

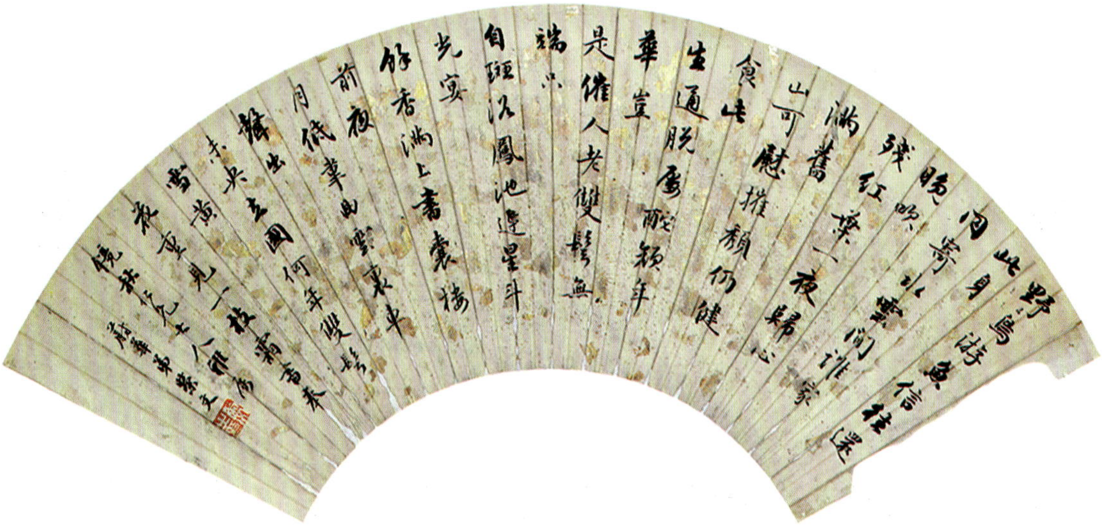

荣文，满族书法家，此为与奎绶合作扇面。

星恒，富察氏，镶红旗人。山水画笔墨粗犷豪放，诗人松寿曾作《题星垣山水小景》诗 一首：

芦荻潇潇江岸稠，有人策杖步山头。
生平最爱荒寒景，不画初春画晚秋。
一枝枯笔任涂鸦，懒画春明富贵花。
无奈世人重颜色，空抛心力学梅华。

鉴泉（汉姓吴），名崇智，号味素，正黄旗人。他的作品有山水、花卉、翎毛、扇面等。其兰竹、海棠，构图新颖，秀丽而清润。

鉴泉与绍武合作的《竹石图》

绍武，汉姓唐，名承恩，正白旗人。光绪年举人，由骁骑校擢升佐领，曾在旗城海岱书院任教，兼都统府文职官员。他的书画作品，笔墨苍润，秀丽清新，书法行、草、隶、篆，遒劲多姿，其作品部分存于青州市档案馆。

山水四扇屏——春、夏、秋、冬

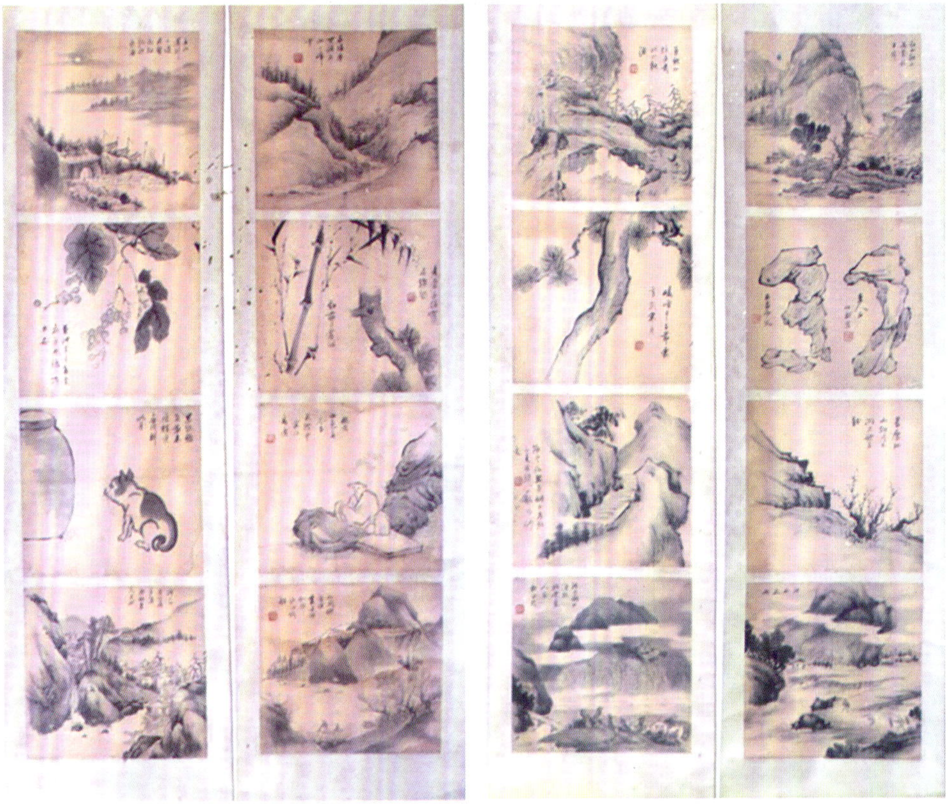

国画斗方四扇屏

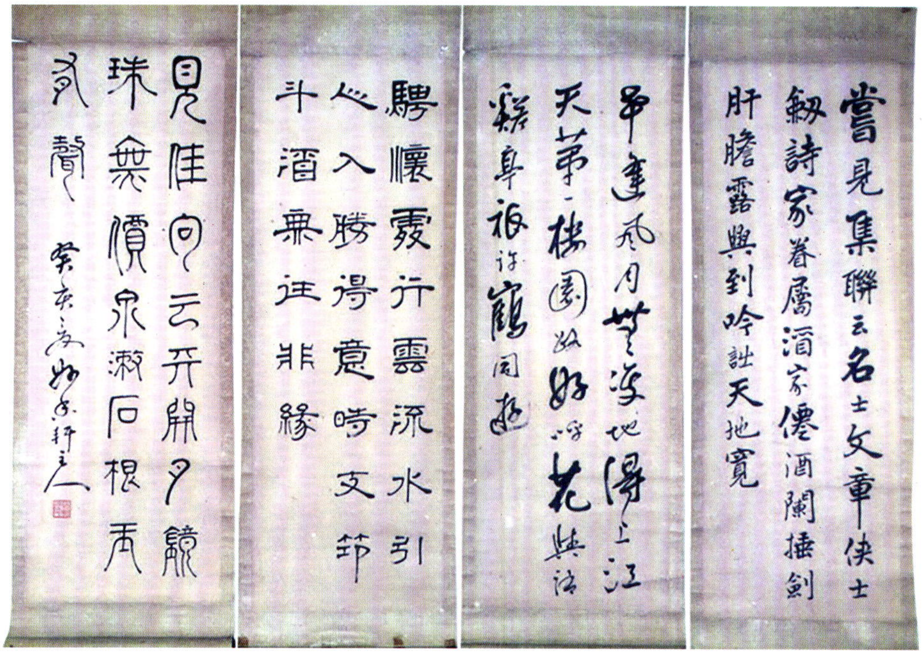

书法作品——真、草、隶、篆

赵淑媛系女画家，镶黄旗人，画工精细，技法娴熟，善于工笔菊花、牡丹等。

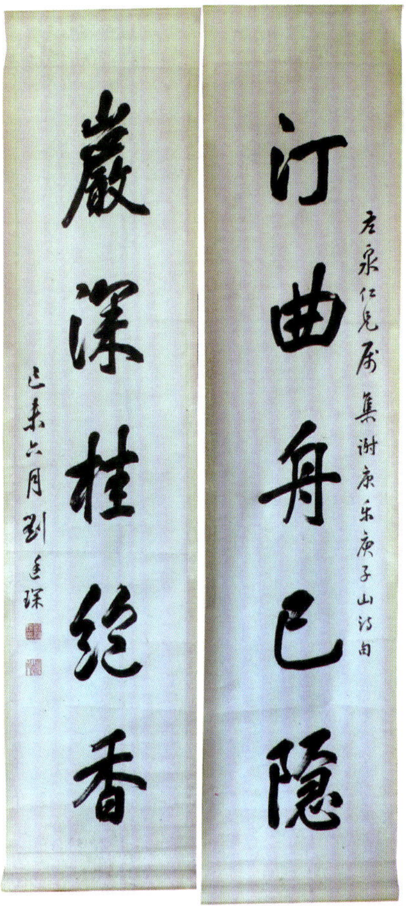

清末进士刘廷琛赠李昆圃（字左泉）楹联

李昆圃，字左泉，镶黄旗人。善画芦雁，独树一帜，曾创作《百雁图》长卷。其父辈兄弟三人，两人战死在抵抗外侮的疆场上，左泉世袭先人俸禄，在卧牛城开设银号和洋布绸缎庄。钱庄因经营不善破产转让；绸缎庄在军阀混战中被抢劫，从此家道败落。现在仅留有芦雁四幅，楹联一对，闲章数枚，为其后人保存。

李左泉的书画《芦雁》

康有为肖像

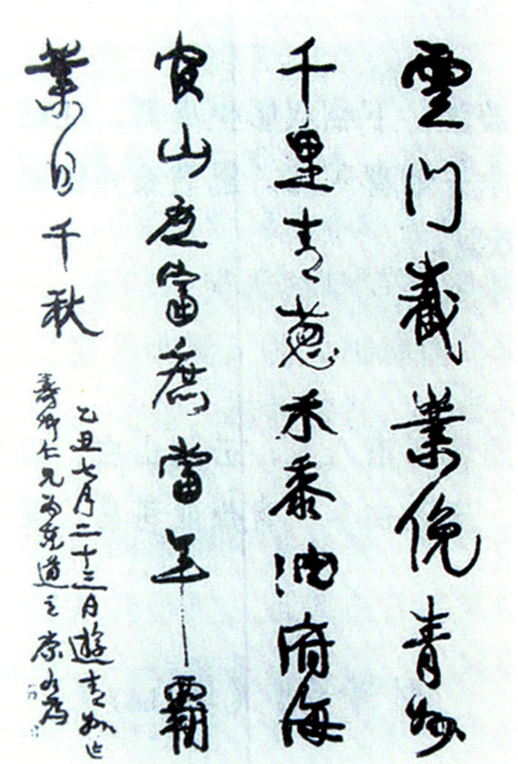

康有为手书

1925 年 7 月，康有为应旗城副都统吴延年（字寿卿）之邀来青州造访。其间，吴延年陪同康有为游览了云门山、法庆寺等景点。康有为有感而发，赋诗一首赠吴延年。

姜蜀轩，著名画家，汉族，山东临朐人，生于清末，卒于1972年。早年考入省立一师艺术专科，后赴北平美术学院专学国画。曾任教于省立十中（青州一中），其间，蜀轩与满族书画家寅谷（汉姓何）的第三代孙女何秀珍结为夫妻。现选入的蜀轩作品系何氏后人保存。

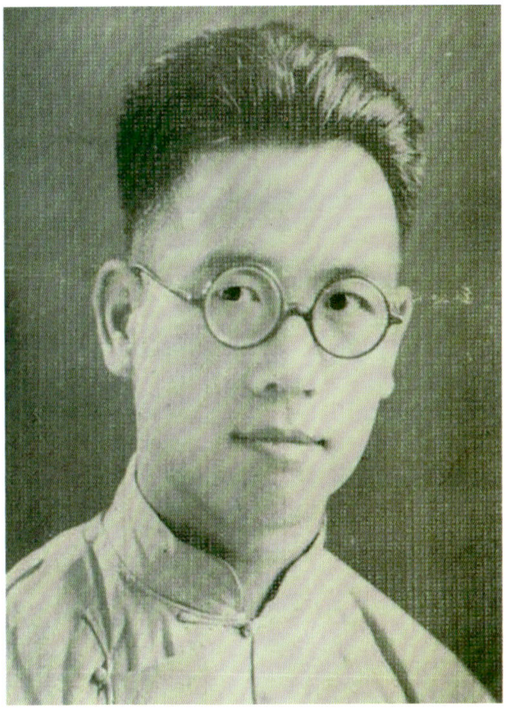

姜蜀轩青年时期留影

满族画家寅谷之第三代孙，人称何氏三姐妹，左一何秀珍为姜蜀轩夫人。

姜蜀轩国画

喜鹊报喜

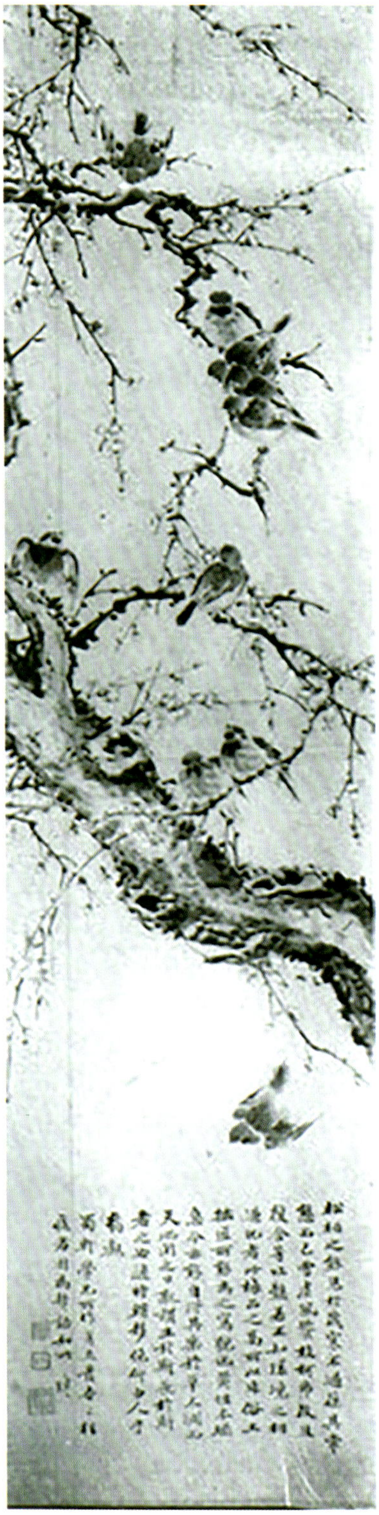

麻雀闹春

猫捕蝴蝶

不落畦徑謂之士氣
不入時趨謂之逸格
蜀軒畫鹿乾而不燥
細而不膩姿態自然
神采逼真背景亦
極幽靜饒有士氣
殆逸格也

麋鹿相亲

双猴嬉戏

苏武牧羊

葡萄熟了

疏篱野趣

石愚山画作

松菊梅三友

山水画作品

胡刚书法作品

晚年的胡刚夫妇

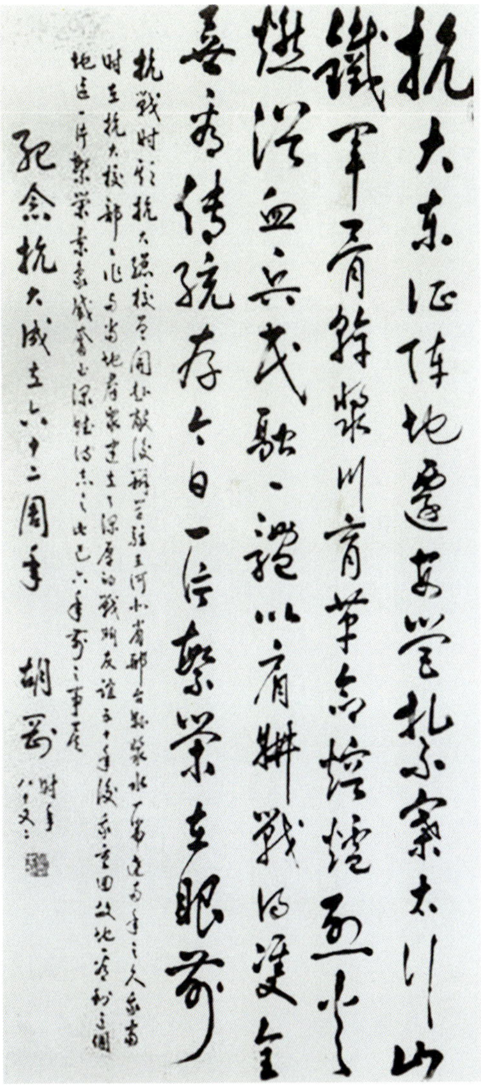

胡刚书法

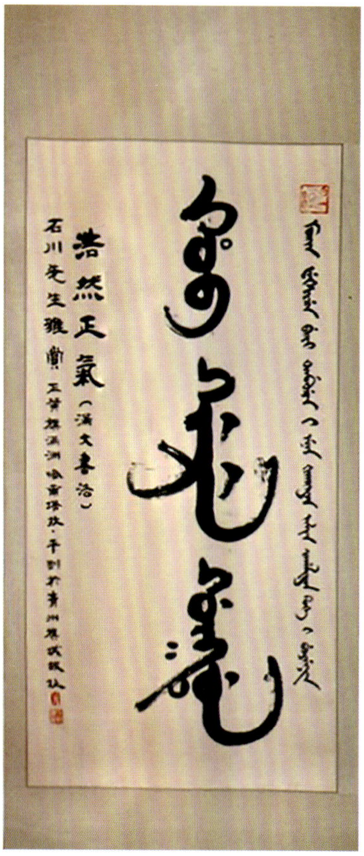

韩廷刚，满族正黄旗人，西安画院书画家，此为作者满文书法。

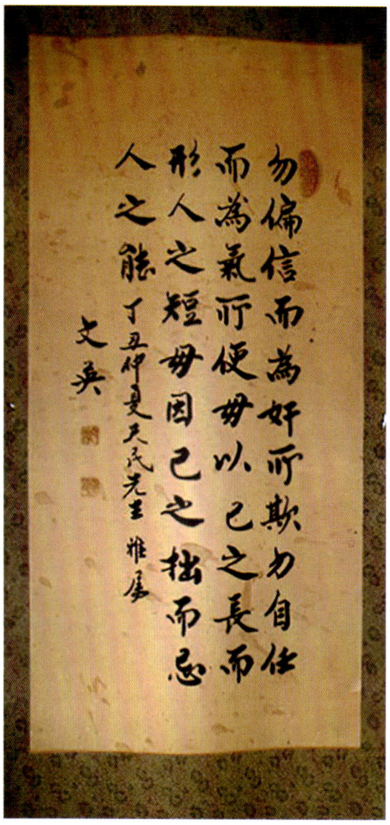

佟文英，满族正白旗人，其作品曾参加 1989 年山东省民委、文化厅在北京举办的少数民族书画展并获奖。

关卫军国画

秋景

山水

葡萄

墨竹

关卫军，满族镶红旗人，高级美术师。中国艺术研究院高级研修员、特聘画师，中国书画教育家协会理事，山东省青年美术家协会会员。

赫慧勇书法国画

赫慧勇，青州满族正红旗人，现任青岛沿海画院院长、中国龙骨体研究院院长。他自幼秉承家学，涉猎广泛，对民间绘画、工艺构成、宗教艺术等均有研习。他的书画作品清新别致、独具一格。他认为书法不是写字，而是写意，他“以汉字为基础，以毛笔为工具，以音乐为线条，以舞蹈为造型”，创造了“大汉雄风，盛唐气度”的龙骨体书法。

2015 年 12 月 5 日，泰国国王 88 岁寿诞，赫慧勇以龙骨体书法《鹤寿》表示祝贺。

道法自然

春趣

连年有余

野趣

扇面一

扇面二

寇培深书法国画

寇培深，镶白旗人，1918 年生，其先祖赛沙敦为清代进士，外祖父绍武为画家，培深自幼受家庭熏陶，颇具书画天赋。抗日战争时作为流亡学生，由青岛逃往鲁中，继而经江、浙、湘、粤、桂、川，在历尽坎坷中他一路写生，观察了祖国的秀丽山河。抗战胜利后他作为民国政府接收工作人员去台湾，后因关节病携眷赴日本求医，侨居东瀛 30 年，病中潜心攻临碑帖，浏览古今名作，初绘画涉猎较广，后专攻梅花，刻意求新，在东京、大阪举办书画展轰动了日本。1979 年，应张大千之邀返台定居，书画获台湾最高文艺奖。1983 年，他携巨幅红梅赴美国华盛顿赠参、众两院。红梅展示于白宫之前，很多华人感叹：“这梅花画出了中国的国魂，堪称中国的国花！……”

铁骨仙姿

香蕉山古梅

病梅之美

蕉梅

黄梅

丛梅

寇培深赠青州赵志成梅花作品。

寇培深赠青州曲端章梅花作品。

亿年屹立

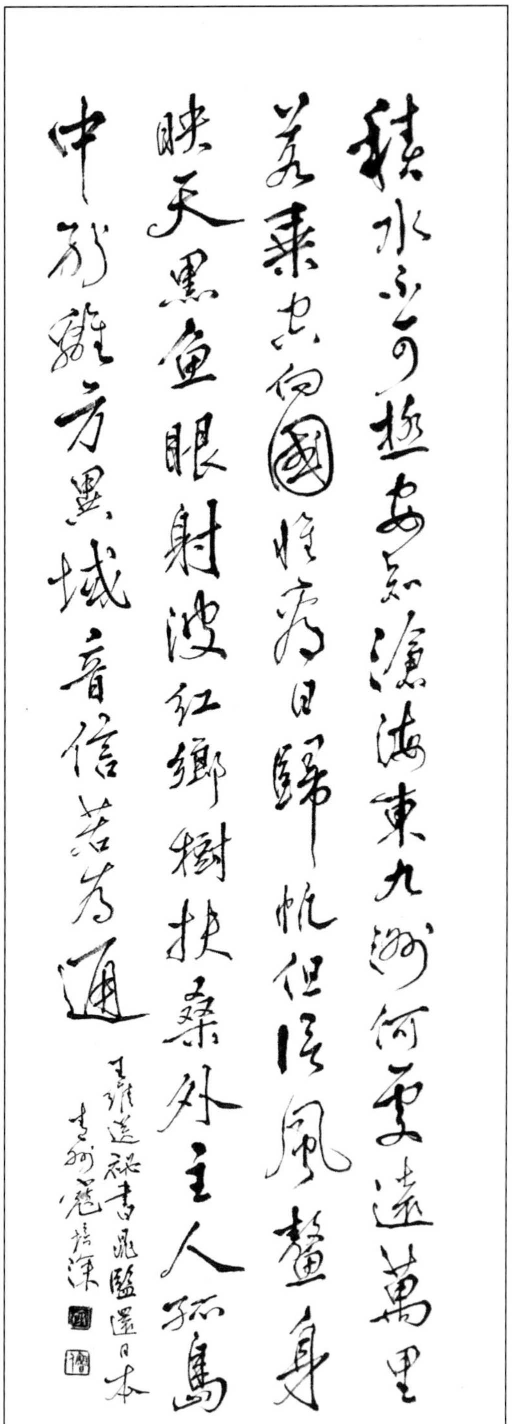

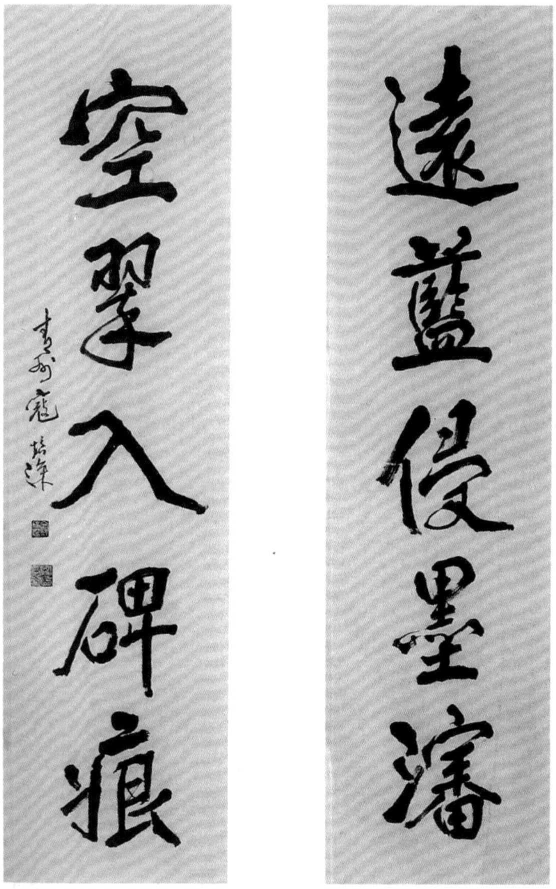

寇培深书法作品之一

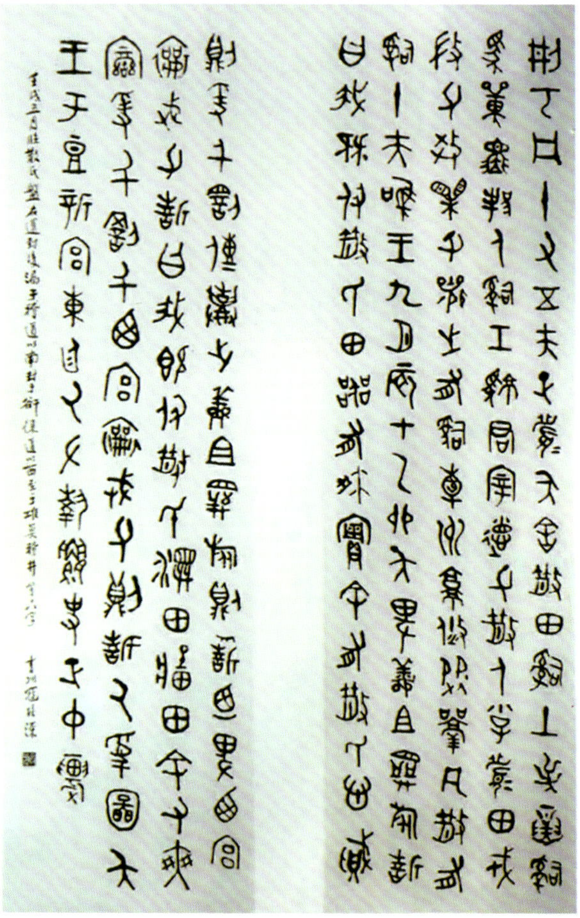

寇培深书法作品之二

国画大师张大千与寇培深探讨书画艺术（左二为寇培深）。

1988年9月，中国书画研究院在北京举办了寇培深书画展。中央电视台、《人民日报》《光明日报》《北京晚报》等分别发表了消息和评论文章，高度评价了寇培深的艺术成就和爱国热情。

北京日报 1988年9月22日

人民日报（海外版） 1988年9月23日

寇培深书画作品首次在大陆展出

中央电视台新闻联播节目

光明日报 1988.9.22

台湾书画家寇培深书画展在京举行

北京晚报 1988年9月25日

情□溢□书□画□间

——记台湾书画家寇培深

北京晚报

光明日报 1988.9.23

华翰染尽乡思泪

——访台湾著名书画家寇培深先生

团结报

寇培深在京举办书画展

北京晚报 1988年9月26日

民族新生与文化交流

MINZUXINSHENGYUWENHUAJIAOLIU

辛亥革命时期，青州满族因拥护共和制，八旗组织和军队又保留了17年。1929年冬八旗组织和军队在军阀混战中解体，大批兵民外流谋生，留在北城的大多是鳏寡孤独。从“七七事变”到解放战争，战火中城池被毁，到处破败荒芜，群众生活极端贫困。中华人民共和国成立后，北城满族在生活上得到救济，生产上得到扶持，政治上得到平等。农业方面，兴修水利、科学种田，粮食由原来亩产65公斤提高到800公斤。1967年，北城人从过去靠吃“皇粮”成为全县上交国家公粮首屈一指的农业大户。改革开放后，北城村农工并举，进城经商，积极发展第二、第三产业，成为青州市的“百强村”之一。

1982年3月，北城村根据自身优势，率先在青州繁华地带开工建设商业综合服务大楼，鲁青饭店是全县第一个农民进城兴建的项目。

鲁青饭店

1986年11月，鲁青商场开业。

北城村办企业由原来自我服务型的面粉厂、农修厂转为外向型的各类企业，先后建成了服装厂、饮料厂、汽车修理厂、包装装潢材料厂、建筑公司和铁路货场等 18 个骨干项目。服装厂后改为中外合资鲁圣服装有限公司，拥有固定资产 1100 万元，年生产能力达 90 万件，产品远销巴西、日本、香港等 8 个国家和地区，成为外经贸部出口产品。包装装潢材料厂的真空镀铝纸，年生产能力达 3000 吨，远销 10 多个省，产值 2000 万元，成为全市的骨干企业之一。北城先后被潍坊市政府授予“发展乡镇企业十强村”“乡镇企业明星村”称号；青州市政府授予北城村“工农业产值亿元村”等荣誉称号。

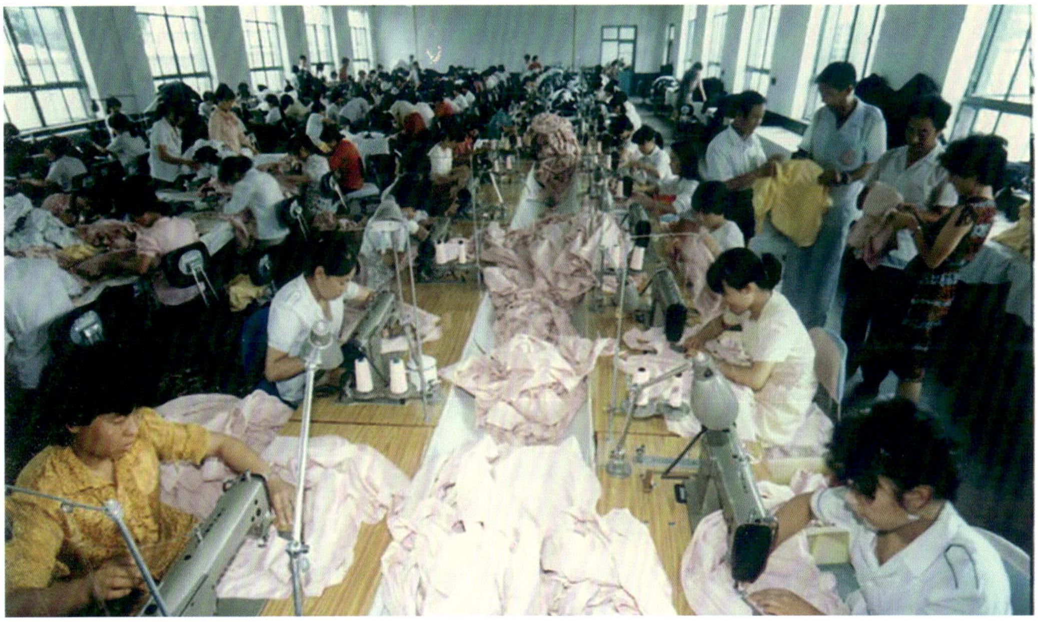

服装厂生产车间

工作人员在研究出口服装

北城村干部与专业技术人员研究生产规划。

包装装潢材料厂专家在研究推出新产品。

1988 年 6 月，省人大常委会副主任许森（右二）带领民族侨务外事委员会委员视察包装装潢材料厂。

1993 年 3 月 18 日，鲁青铁路货场正式开业。该货场占地 4 公顷，由青岛铁路分局、潍坊车务段及北城村共同投资 670 万元，可一次装卸火车皮 45 节，年到发能力达 60 万吨。

鲁青铁路货场装载碱石。

1986 年 5 月，全国少数民族参观团一行 253 人（51 个少数民族代表）到北城村鲁青机械厂参观。

参观团人员在北城过街串门、入户考察。

省人大副主任许森（右三）在北城村召开民族经济发展座谈会。

唐学仁书记陪同全国最高检察院副检察长关山复（满族，左二）和北京专家考察村办企业。

关山复主持召开各地专家参与的北城经济发展研讨会。

中央民族大学教授、博士生导师赵展在会上发言。

1993年12月9日，北城包装装潢厂厂长关明义（右二）和村干部那凤鑫（右一）参加省青联八届一次会议，同副省长李群（中）合影。

1993 年 6 月，关明义（后排右四）被共青团中央、国家民委授予“全国各族青年团结进步先进个人”称号，在北京受到江泽民主席接见。

1998 年 10 月，付学乡作为民营企业工会代表参加山东省十一次工代会和全国十三次工代会，受到党和国家领导人的接见。2010 年 2 月，付学乡被选为青州市政协常委（三排左四）。

舒昆玶，1950 年生，北城村正白旗人，名门望族舒伯臣之孙女，曾任青州鸿裕包装有限公司经理。1990 年青州鸿裕包装有限公司和山东省食品进出口公司联合办企业，拓宽外贸出口渠道，跻身于全国五百家最大造纸包装企业之林，成为山东省包装行业的龙头企业。舒昆玶被授予“省三八红旗手”“省少数民族企业家”称号，并被选为省人大代表，出席了全国第十一次工代会。

舒昆玶（右一）参加山东省第十届人代会，与中心医院代表汤学珍在山东会堂前合影。

唐振方 ,1949 年生，祖隶正白旗，系青州满族马步联军协领萨哈勒畚之第四代孙。山东益都阀门股份有限公司董事长、总经理兼党委书记，高级经济师，华东阀门联营公司副董事长，山东省政协委员，机械行业优秀企业家。

1998 年 2 月，唐振方（前排左一）参加省政协八届一次会议合影。

穆永祥，1933 年生，满族正红旗人。曾祖穆云峰，先后考取举人、进士，曾任河南兰考知县，晚年迁居青州南城，其住所系青州“十大公馆”之一。穆永祥毕业于会计专科学校，为高级经济师，曾任青州桑蚕育种场场长，兼任山东省蚕桑生化研究所所长。曾组织开发研制了多种叶绿素生化产品，产品畅销国内外市场，获“山东省优秀科技成果奖”。后该场扩建为经营多种业务的广通集团，穆永祥任总经理。

1989 年夏，穆永祥（右四）参加由省总公司主持召开的董事会。

穆永瑞（右），穆永祥的二弟，山东工学院毕业，高级工程师，曾任广西柳州机械厂党委书记，柳州市人民政府秘书长等职。1989 年，穆永祥与其二弟在柳州留影。

穆永喆（右一），穆永祥的三弟，内蒙古大学化学系毕业，高级工程师，曾任山东曲阜市副市长。1992 年，兄弟三人在曲阜孔庙合影。

关宗山，青州满族镶白旗人，1931 年 9 月出生。1955 年毕业于山东师范学院美术专科，曾任外交信使、副处长、处长。1979 年后，在我国驻赛舌尔、莱索托、利比亚、罗马尼亚使馆工作。回国后任外交部档案馆馆长、外交部摄影协会理事长等职。

1985 年参加全国建材局长会议的原北京建筑工业学院师生校友与部局领导合影（前排右三为关宗山）。

关宗山应邀参加第二届“中国外交官看世界”摄影展开幕式，受到外交部长李肇星的亲切接见。

北城村在发展经济的同时，重视改善村民生活，结合旧村改造，多方筹集资金兴建了集餐饮、商业、旅游、居住为一体的华旗商业街，为村民发展个体民营经济和第三产业创造了有利条件。

旗城大街，焕然一新。

新建的居民楼

旗城公园

青州满族历来重视教育，中华人民共和国成立前北城村内有私塾4处，学生72人。1950年建立小学3处，有复式班6个，学生180人。1969年7月，新建联中学校，有中学教学班6个，1982年在全县率先普及初中阶段义务教育。

北城小学学生在进行课外活动。

1982年春，著名评书表演艺术家刘兰芳到旗城学校慰问学生。她说："我也是满族人，东北满族和青州满族是一个祖先的后代，今天我是'走娘家'来了！……"

刘兰芳向学生们讲述了"老罕王起义"的故事。学生们给她戴上红领巾，她向学生及青州满族致敬！

1985年北城村投资40万元，新建北城满族初级中学教学楼一座，建筑面积1836平方米。

爱新觉罗·溥杰为学校题写了满文校牌。

开展丰富多彩的教育活动

“唱响民族团结最强音”大合唱。

民族团结进步宣传月签名活动。

民族团结进步宣传进社区。

民族团结进步宣传月文艺演出。

学校组织学生参观老官房等古建筑，进行民族传统教育。

在学生教育中增设了满语、满文教育课堂。

学校的运动会体现了满族特色。

1989 年，北城村成立了少数民族教育基金会，免除全村义务教育阶段学杂费；对升入大学和中专的学生分别给予奖学金。凡民办教师在本村学校工作，每年享受一级工资补助；教师节北城村两委慰问学校教师，并召开教师座谈会。

1985 年，首届教师节村干部与全体教师合影。

1988 年 9 月，国家教委、国家民委领导视察北城满族学校。

2011 年 11 月，省民委副主任马传凯为北城满族初中题词。

1988 年 5 月，山东省政府授予北城村“全省民族团结进步模范集体”称号。全国政协副主席、国家民委主任杨静仁（左一）来北城村视察工作，并听取北城村书记唐学仁汇报。

1990 年 10 月，北城村被国家民委授予“全国民族团结进步模范集体”称号。1993 年 5 月，国务委员、国家民委主任司马义 · 艾买提到北城村视察。北城村书记唐学仁向司马义 · 艾买提汇报工作。

1990 年 5 月，全国最高检察院副检察长关山复（满族，右三）到北城村考察工作，与鲁青包装装潢厂干部合影。

关山复（左二）参观鲁圣公司服装厂车间。

1986 年 8 月，山东省委书记梁步庭（左二）在青州市委书记隋华堂（右三）陪同下，参观北城村印刷厂。

1986 年 8 月，梁步庭书记视察北城村敬老院。

1988年10月，北城村敬老院被省民政厅、省老龄委授予“省级文明敬老院”称号，图为敬老院老人在参加娱乐活动。

梁步庭书记为敬老院题词。

1988 年 6 月，省人大常委会副主任许森（右五）与北城村敬老院老人合影。

国际友人采访北城村唐学仁（左三）书记后合影。

1988 年 9 月，全国城市民族工作会议在青州召开，由国家民委副主任陈欣（右一）主持。山东省城市民族工作会议同时召开，省长赵志浩（右二）出席会议并做重要讲话。

陈欣副主任同与会人员参观北城村鲁青饭店和鲁青商场。

1988 年 6 月，省人大常委会副主任许森（左一）视察鲁青商场。

1999 年 2 月，北城社区党委书记伊国华（右三）陪同副省长陈抗甫（左四）视察社区居民楼。

北城社区党委书记伊国华（左三）、主任赵双田（左二）向市委书记辛丕宏（右二）等领导汇报社区建设规划。

2011 年 2 月，山东省副省长才利民（满族，中）到北城社区考察，听取北城社区党委书记伊国华（左一）和老书记那端奎（右一）的工作汇报。

北城社区党委书记伊国华向中央民族大学教授、满学专家赵展介绍社区情况。

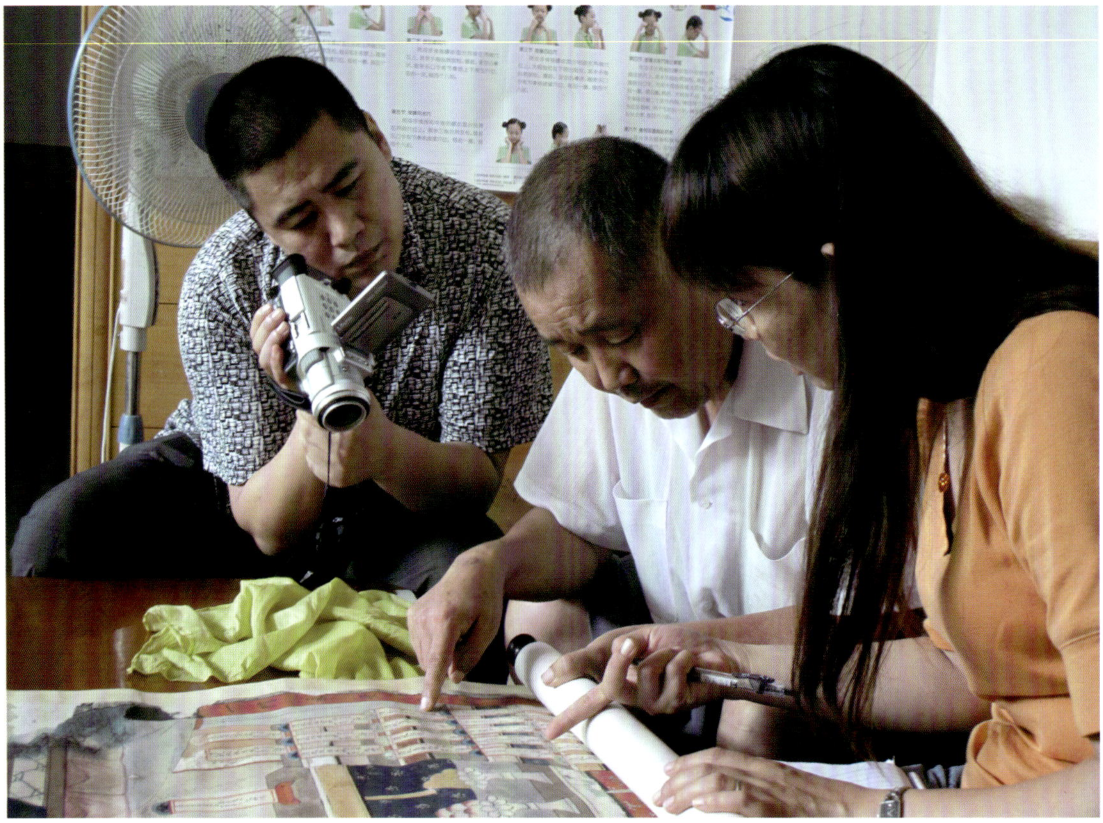

中央民族大学刘明新（右）教授考察北城社区保存的满族家谱。

中央民族大学将北城社区作为学生专业实习基地，组织学生分批到北城社区考察研究。

中央民族大学的实习学生在北城村书记唐学仁家做客。

中央民族大学的实习学生在北城村委副主任唐文耀家剥玉米。

中央民族大学向北城社区赠送锦旗。

1990 年，北京大学教授、语言专家、博士生导师赵杰（左二，现任北方语言研究院院长），来青州考察满族语言，在北城村召集老人座谈。

中国社科院博士研究员刘小萌（左一）、日本清史专家细谷良夫（中）、东北亚研究室主任王禹浪（右）联合来青州考察北城村满族的文档。

《青州旗城》主编李凤琪（左三）陪同刘小萌（左一）、细谷良夫（左二）访问汪金海老人。

专家组考察北城的古建筑，研究满族保存的家谱。

北城社区党委书记伊国华书记陪同清史专家阎崇年考察北城社区。

清史专家阎崇年与北城社区部分老人合影。

2014 年 7 月，青州市委书记韩幸福（左二）陪同时任故宫博物院院长单霁翔（右二）、清史专家阎崇年考察北城古建筑保护。

2014 年 7 月，北城社区党委书记唐宝红（左二）陪同时任故宫博物院院长单霁翔（右四）、清史专家阎崇年（左三）在青州北城考察。

2012 年 7 月，社区书记伊国华（二排左六）参加省政协民族和宗教委员会学习交流会。

2012 年 9 月，满族旗城学校迁入新址。

2007 年 7 月，青州市作为中央民族大学教学实习基地，在青州举行揭牌仪式。中央民族大学党委书记鄂义太（左一）、青州市委书记王立胜（右一）为教学实习基地揭牌。

满族的重要节日——颁金节［后金天聪九年（1635 年）农历十月十三日，皇太极认为女真已发展为新的共同体，遂宣布废止“女真”称谓，定族名为“满洲”。满洲在满语中意为吉祥的民族。“颁金”为满语，意为“诞生”］，每年农历十月十三日，全国各地的满族都要集会，纪念自己民族诞生的节日。这是北城社区满族在纪念颁金节。

青岛的青州满族代表聚会纪念颁金节。

2014 年 7 月是鸦片战争镇江战役 172 周年纪念日。镇江、青州、青岛、东北三省、内蒙古、上海、福建以及香港、台湾等地满族代表，联合在镇江市举行纪念仪式。

江苏大学学生团队首次参与纪念活动，与满族同胞相聚。

忠烈亭前摆设五谷、水果、米、酒等祭品。

青州北城社区唐宝红（右二）书记致辞。

与会代表按满族传统仪式绕忠烈亭环行一周，敬献柳枝。

青州满族代表唐玉民呼唤壮烈牺牲的先祖，并敬献家乡的五谷祭品。

镇江市原地委副书记、关心下一代工作委员会名誉会长、90 岁高龄的宋亚欣参加书画笔会并致辞。

镇江市“关工委”主任唐成海代表镇江人民致辞，热烈欢迎青州、上海等地满族代表。

青州市民宗局副局长杨晓东在书画笔会上致辞答谢。

上海海东青文化研究会向镇江市、青州市与会代表赠书。

青州满族著名书画家赫慧勇（中）向镇江市烈士陵园管理处赠送书法作品。

上海宝钢原党委书记关壮民（右，满族）向镇江烈士陵园赠送书法作品。

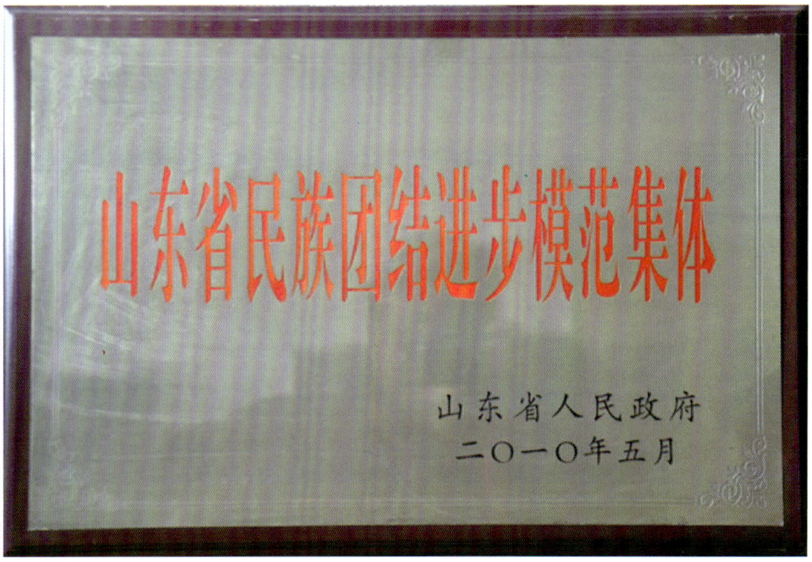

2010 年 5 月，北城社区被授予“山东省民族团结进步模范集体”称号。

2013年10月，北城社区被山东省委宣传部、统战部、省民委授予“全省民族团结进步创建活动示范村（居、社区）”称号。

北城社区被山东省精神文明建设委员会授予“省级文明社区”称号。

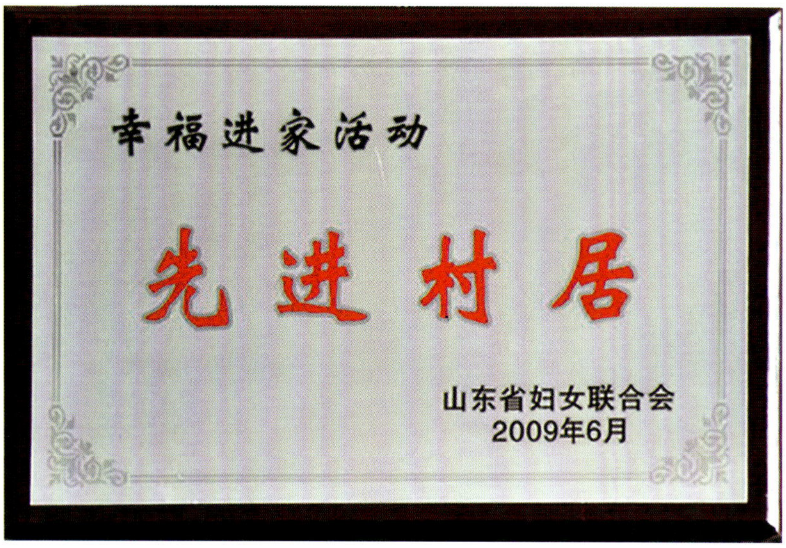

2009年6月，北城社区被山东省妇联授予“幸福进家活动先进村居”称号。

1957 年 10 月，那端奎书记代表北城满族参加国庆观礼，受到毛主席、刘少奇、周恩来等党和国家领导人的亲切接见。

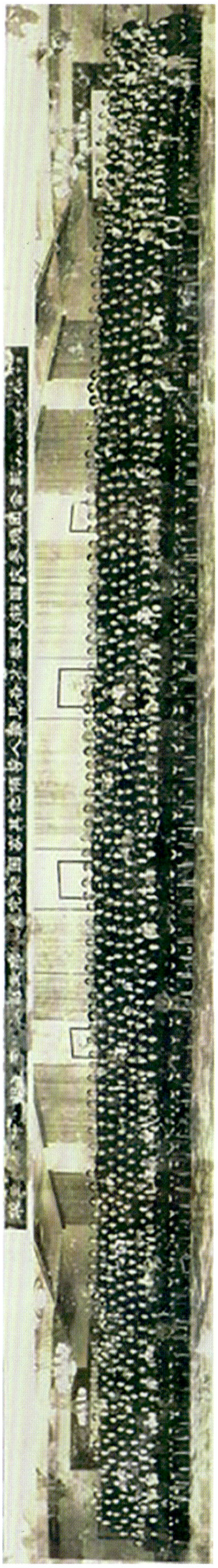

1978 年 10 月，唐学仁书记作为少数民族企业家，代表北城满族参加国庆观礼，受到邓小平等党和国家领导人的亲切接见。

2008年1月，北城社区党委书记伊国华（后排左十三）作为“山东省民族团结进步模范个人”、省政协委员，参加山东省政协会议并合影。

1998年10月，付学乡作为民营企业代表，参加全国工会第十三次代表大会。

1985 年 5 月，李冈琪出席中国曲艺家第三次全国代表大会，被选为中国曲艺家协会理事。